知的生きかた文庫

「いそがない人」が、いい人生を送る

斎藤茂太

三笠書房

「いそがない人」が、いい人生を送る

目次

第1章

「いそがない人」のゆっくり力とは?

第2章 いろんなゆっくり力

第3章

人生後半のゆっくり力

第4章 人と人とのゆっくり力

第5章 ゆっくり力は病気を防ぐ

第6章 ゆっくり力は顔に出る

第7章

中途半端のゆっくり力

第8章

開き直ってゆっくり力

第9章 ゆっくり力を養う

イラスト／佐々木一澄
本文DTP／株式会社Sun Fuerza

第1章

「いそがない人」のゆっくり力とは？

善きことはカタツムリの速度で動く

ある朝、朝刊を開いたら、全面に、見おぼえのある人の顔の絵が載っていた。坊主頭で丸メガネ、目をつむり、瞑想にふけっているようなおももち、額のシワ、白い口ヒゲ。そうだガンジー、インドの哲人マハトマ・ガンジーである。祖国インドの平和のため、強い信念のもと、断食という非暴力の運動で世界に訴えかけた不屈の人だ。そのガンジーの顔が大きく描かれ、その上に「善《よ》きことはカタツムリの速度で動く」と書かれている。新聞の一ページを使った全面広告である。

そこにはガンジーの、一生を平和運動に捧げた足跡《そくせき》が記されていた。「立派な広告だな」と私は感心しつつ読んだ。そして、こんな一節が目に入った。「善きことはカタツムリの速度で動く」が語られている部分である。

彼の運動を象徴したのは〝塩の行進〟。

イギリス人に専売されていた塩を自分たちで作らんと、アーシュラムから海岸までの三百八十五キロを二十四日かけてゆっくりと歩く。

「善きことはカタツムリの速度で動く」

それは数百万人の奇跡の大運動となった。

なるほど、「善きことはカタツムリの速度で動く」か。私はその時、これはとても大切な言葉ではないかと思った。

急いではいけない。早く結果が出ることばかりを望んではいけない。ゆっくりでも積み重なれば、必ず大きな力になる。ゆっくり力だ。いい結果にむすびつく。

一日が始まる朝、新聞を開いて気持ちのいい記事を読むと、今日一日がいい日であるような気がしてくる。新聞広告もまたその例外ではない。ずいぶんむかし(一九九六年)、インドのムンバイにあるガンジー博物館を訪ねて以来、しばらくガンジーのことを忘れていた私だったが、この広告があらためて思い出させてくれた。

ゆっくり力についてあれこれ考えてみようと思った。

ワインも人も、ゆっくり熟成する

芳醇《ほうじゅん》なワインができあがるまでにはたっぷりとした時間が必要である。いわゆる「ねかせる」時間だ。人もまた同じではないだろうか。「早く、早く！」と急いでばかりでは、ゆったりとした豊かな人間には育たない。

人は菜《な》っ葉《ぱ》や豆のように促成栽培というわけにはいかない。

学生時代、試験を前に一夜漬けが得意という人がいた。妙に要領がよくて、もの覚えもいい。ヤマのはり方もうまい。しかし、こういうタイプは見ているとどうやら忘れるのも早い。試験が終わるとコロッと忘れて本当の学力が身についていないようだ。

それに対して、不器用で、もの覚えも悪いような人が、あるとき、ぐんぐん頭角をあらわすことがある。こういうタイプはちゃんと基礎ができているから、新しいこともどんどん身についていく。

最初はたっぷり時間をとるのがいい。効率よく早く結果を望む気持ちは誰しもあり、わからぬわけではないが、本当にいい結果を生むには、焦らぬこと、急がぬことだ。

焦りは余計なプレッシャーを生む。そのストレスはなにごとにつけ悪影響をおよぼす。たとえば、本来なら興味深くて、熱中してしまうはずの勉強が、楽しいどころか苦しいものにゆがんでしまう。

ゆっくり時間をかければ身につくものを、「早く、早く！」と心がせきたてられることによってイヤ気がさしてしまう。

先日、珍しく雪が積もった。「なるほど」と今さらながら感心したことがある。

雪は、降りはじめはなかなか積もらない。降ってもすぐにとけてしまうからだ。しかし、しばらくして外を見ると、いつのまにか一面真っ白な銀世界になっている。

人の「力」の身につき方も似ていると思った。どんなことでも、最初は努力をしてもなかなか結果が出ないものだが、あるとき、ふと気がつくと……思いがけないほどの成果になっている。たっぷりと積もっているのだ。

あわてず騒がずモタモタしよう

　世の中の人は、私のことを、よほどのんびりした人間と見ているフシがある。そう思われるのは、どうやら私の名前も一役買っているようだ。

　私の名前はサイトウシゲタ。しかし、父が歌人の斎藤茂吉《もきち》なので、茂太《しげた》をモタと読んでくださる方も多い。

　この「モタ」という名と私の風貌から、なんとはなしにモタモタとゆっくり、のんびり、という印象が生まれるらしい。ありがたい誤解というものだ。

　実をいうと、私はかなり気が短いし、むしろせわしないほうである。医者などというものは、そうそうのんびりしていてつとまる仕事ではない。患者さんの診察だけでなく雑用も多いし、事務的な処理もこなさなければならない。

　さらにわが家には輝子《てるこ》という猛母がいた。私の母である。このママ様の対応にもエネルギーを消耗した。モタモタなどしていられないのだ。

しかし、こんな環境で生きてきたからこそ、急いでもどうにもならないことを痛感してきた。あわてればあわてるだけ、よくない結果を招いてしまうのである。

今にして思うと、少なくとも人前では、あくせくするのはやめよう。のんびり構えるポーズをつけよう。そう心してきたのかもしれない。

そして、「そろそろ限界かな」と思ったら、むりやりにでも時間をつくって飛行機に乗ってしまう。あるいは客船の旅に出てしまう。こうなればもう、こっちのものだ。飛行機の中や船の上であくせくしたって始まらない。

動く物、つまり乗り物に乗ってさえいれば機嫌のいい私である。どこかに着くのが目的ではなく、乗っていることが楽しくて仕方ないのである。

本当はせわしない人間なだけに、そんな自分から逃れるためにも私は旅に出るのかもしれない。のんびり、ゆっくりするしかない環境をつくってしまうのである。

あわてうまくいかないときは、モタモタしていても構わないとしよう。

モタモタすればテキパキ進む

私は「モタさん」と呼ばれるくせに、まわりがモタモタと段取りが悪いと、人並みに、いや、人並み以上にイライラする。

せわしない気持ちになり、セカセカと動き、頭の中がクルクルとまわりはじめ、息も浅くなる。

この気持ちは他人にも伝染するようだ。セカセカした人がひとりいると、そばにいる人もセカセカして息が浅くなり、ますますモタモタとなって段取りが悪くなる。セカセカ、モタモタの悪循環だ。これでは疲れてストレスがたまるだけである。

では、どうするか。

「そう急いでもしょうがないよ。モタモタと、ゆっくりやろう」

こう自分に語りかけてみる。まずは一回、ふうーっと息を吐いて、ゆっくり息を吸い込む。深呼吸だ。次に肩の力を抜いて、ことさらにゆっくり動く。テキパキしない。

するとふしぎなもので、いつのまにか気持ちまでが、ゆったりとしてくる。顔つき、表情がやわらいでくるのがわかる。緊張から寛《くつろ》ぎへの変化である。ここまでくれば大丈夫。もう、焦る気持ちは消えている。

今度は、この気持ちが人にも伝染する。まわりの人もなんとなくゆったりとしてくる。その場の居心地がよくなる。するといいアイデアもわくし、失敗も減って、物事がスムースに運ぶのである。

人の心の働きを専門とする医者である以上、余計なプレッシャーを人に与えることがないようつとめよう。そう心がけているのだ。

私がのんびり、ゆっくり人間に見えるのであれば、私の自己演出もまんざらではない、ということになる。

生来の性格がセカセカしていても、心がけしだいでモタモタできる。今までセカセカ生きてきた人も、ここらでモタモタしてみるといいだろう。

人生後半はきっぱり開き直る

人生も後半ともなれば、人の名前は忘れる、むかし行ったことのある土地の名前を忘れる、字を忘れて書けなくなる、二、三日前にあった出来事を思い出せない……といったことが次から次へといくらでもある。

こんな調子では、日常生活がさぞ不便かと思いきや、

「あれ、あれ、ほら、あの人、あの人、ほらっ」

といえば、長年連れ添った家内も、

「ああ、あの人ね、うん、そうそう、あの人でしょう」

とうなずき、話は通じる。こんな夫婦は多いだろう。大したものだ。

ある知人は、こんなとき、

「まったく面目《めんぼく》ない。年はとりたくないものだ」

とグチのひとつもこぼしたくなるそうだが、私は違う。どうせ「年をとるこ

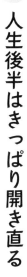

と」から逃れられないのだから、ここはきっぱりと開き直りたい。

「それがどうした、どうってことない」

「勝手にしやがれ、知ったことか」

「後は野となれ山となれ、だ」

「矢でも鉄砲でも持ってこい」

状況に応じて、心の中でつぶやく。もちろん、グチをいったからといっても の覚えがよくなり、若返るわけではない。それよりも、もっと楽しんでやれ、だ。


もう逃げも隠れもしない。どこからでもかかってこい。こっちはもう俎板《まないた》の上の鯉《こい》のぼり、くさっても鯛やき、アジの開き直りだ。堂々と年をとってやる。気がついたら二百歳になっていても知らんぞ、とつぶやきながら楽しく暮らすのが、よい。

日に幾度《いくど》にても眼鏡をおきわすれそれを軽蔑《けいべつ》することもなし
父・茂吉のこんな歌もある。

わがままで、がんこだった母のゆっくり力

日本全国の百歳以上の長寿者を調査した研究がある。食生活や生活習慣などを調べて、長寿の秘訣を探ってみたものだ。その報告に、おもしろいのがあった。長寿には、あんがい、わがままでがんこな人が多いというのである。そんな話を聞くと、私はどうしたって母・輝子のことを思い出してしまう。

母は、自分が「他人《ひと》からどう思われるか」にまったく関心のない人だった。

あるとき、ある映画監督がつくった玉子丼《たまごどん》の試食会に、母とともに招かれた。日本一の玉子丼をつくることに意欲を燃やし、卵はどこそこの土地のナントカという種類のニワトリが産んだもの、米はどこそこの、醤油《しょうゆ》はどこそこの……と、凝りに凝ってつくった特製のものである。

そのご自慢の玉子丼をご馳走《ちそう》になりながら、「お味のほうは、どうですか」

とマイクを向けられた母はひとこと、「まずいわ」。

それまでなごやかだった会場は、いっぺんに静まりかえった。隣席にいた私は、自分の顔が青ざめていくのがわかった。

こんな母に、私は、はらはらし通しだった。しかし母はとくべつ他人から恨みを買うわけでもなく、ひどい仕打ちを受けるわけでもなく、じつにたくましく、楽しそうに、八十九歳まで自分の人生を生きた。

七十九歳で南極へ行き、八十歳を過ぎてからエベレストの四千メートルまで行き、だいぶ弱ってからも今度はどこへ行きたい、あそこへ行きたいと、盛んにいっていた。

そんな母を身近に見て育てば、「他人の目を気にしてばかりいては、つまらない。もっとわがままに、自分のやりたいように、マイペースのゆっくり力のほうが、人生は充実したものになるに違いない」と信じるようにもなる。

自分中心万歳、エゴイスト万々歳と声を大にしていいたいところだが、あまり母をほめるのもナンなので、ここでは小さな声にしておく。

普通の人は、ゆっくり長生きがいい

天才の人生は、流れ星のようなものだ。ぱあーっと輝き、ぱあーっと消えてゆく、といったのは、たしかナポレオンだった。

たしかに天才といわれる人は、短命の人が多いようだ。なるほど流れ星のように、か。ほれぼれするような生き方だ。しかし、それはしょせん天才の生き方である。

では、私たち普通の人間はどう生きるべきか。

普通の人は長生きすべし、これが私の持論である。

おいしいものをたくさん食べ、楽しいことをたくさんやって、いろいろなところに旅をして、いろんな人と知り合って、愉快に、のびやかに、ゆっくり生きる。「ゆっくり生きる」とは、自分の人生をていねいに、大切に生きることにつながるのだと思う。そこに、何ともいえない豊かなものを私は感じる。

ていねいに字を書こうと思えば、自然に、指の動きはゆっくりになる。大切な物を持ち運びするときには、ゆっくり歩くものである。

すなわち、ゆっくり生きる人は自分の人生をていねいに扱っている。生き急ぐ人は、どこかで自分の人生を雑に考えているのではないだろうか。

天才は、なぜ天才なのか。その人が成し遂げたことが偉大だったからだろう。しかしだからといって、天才の人生が偉大だったわけではない。われわれ普通の人間からするとむしろ不幸だったと思えるような人生が多いように思える。

天才は、まわりの人たちと歩調を合わせることができない。ひとりだけ先を急ごうとする。しかし、われわれ普通の人間は誰かの力を借りなくては、うまくいかない。よき家族、よき友人、よき仲間をもって、歩調を合わせゆっくり歩んでいくのである。

三歩進んで二歩下がったことが悔しくて、夜も眠れず、二歩分を取り戻そうと必死になる生き方は辛《つら》い。二歩下がっても、一歩進んだのだから、いいではないか。ゆっくり年齢を重ねていく。そこにこそ人生の本当の楽しみがあるのだと思う。

急がばゆっくり、ゆっくり急げ

諺《ことわざ》は面白い。面白いだけでなく、古今の知恵の結晶だとも思う。なにより私がひかれるのは、矛盾するような諺が平気で共存していることである。

たとえば「急《せ》いては事を仕損《しそん》じる」というのがあるかと思うと「善は急げ」とくる。さらに「急がばまわれ」というのもある。石部金吉《いしべきんきち》的なガチガチ頭の人なら「どっちなんだ！」と怒りだすかもしれない。

しかし、そのどれもが真実だから味わい深い。世の中のことは、一面だけではとらえられない。オセロゲームではないが、白だったはずが一瞬にして黒になり、また、その逆もある。

そこで私は、こんな諺を考えてみた。

「急がにゃならんときはゆっくり急げ」

あまりうまくないが、いわんとしていることはわかっていただけるだろう。

「急いては事を仕損じる」、これはまさしくそのとおり。あわてればあわてるほどミスは多くなる。誰もがいやというほど経験していることだ。

しかし、生きていれば急を要することに出くわす、これもまた誰もが経験しているところだ。そんなとき、何度も自分に言い聞かせる。

「あわてるな、あわてるな、ゆっくり、ゆっくり、ゆっくり急げ」

あわててミスをしやり直すよりは、いつものペースを保ちつつ、急ぐのだ。

『料理の鉄人』で知られる道場六三郎《みちばろくさぶろう》さんは、板前の修業時代、庖丁を使うときはいつも「きれいに早く、きれいに早く」と心の中で唱えながら手を動かしていた、と聞く。

早いだけでは雑になってしまう。仕上がりが美しくなければプロとはいえない。しかしノロノロしていては論外である。厨房《ちゅうぼう》は手際、スピードが勝負の世界だ。

しかし「きれいに早く」はレベルの高い話だ。そこで、まずわれわれは「ゆっくり急げ」がいい。急いた心を落ち着かせるためのひと呼吸である。

世の中のほとんどのことは長丁場だ

諺の話題をもうひとつ。「先手必勝」——いうまでもなく、相手より先に仕かけ、手を打った者が勝利をおさめる、ということだ。碁や将棋などでよく用いられる言葉である。「先んずれば人を制す」も同じ意味だ。

ところが同じ勝負事で「後《ご》の先《せん》を取る」というのがあるのをご存じだろうか。こちらは相撲である。

相撲は立ち合いで九分どおり勝ち負けが決まるという。だから、相手より早く立って、立ち合いで圧倒し、自分の有利な形に持ち込みたい。

ところが力士も超ベテランとなると、「後の先を取る」という、なにやら、わかったような、わからぬような立ち合いをする。立つのは、相手のほうが早い。一見、遅れをとった立ち合いとなる。しかし、絶妙なタイミングのとり方で、遅らせたことで、むしろ自分の有利な組み手にしてしまうという技術だそうだ。

そういえば、「駄馬《だば》の先走《さきばし》り」というのもあった。たいしたことがない馬ほど、ヨーイ・ドンでスタートすると、やたらと勢い込んで先頭を走る。しかし、その勢いが続かないから後から追いかけてきた名馬に抜かれてしまう。

失礼ながら、人間社会にも、この「駄馬の先走り」的な人を見かける。スタートしたときは元気でテンションが高く、いきなり能力全開。しかし、しばらくすると馬脚《ばきやく》をあらわしてしまう。最初のエネルギーはどこへいったのやら、グチをこぼして不満ばかりで、尻すぼみになってしまうのだ。

「先手必勝」どころか「先手失速」「先んずるだけで人に制せられる」のだ。

世の中のほとんどは長丁場《ながちょうば》。そこで大切なのは、自分のペースをつかみ、それを守ることではないだろうか。なんでもかんでも先頭に立てばいいというものではない。

出だしで遅れをとってもあわてなくてもいい。ゆっくり力でじっくりゴールをめざすのがいいのである。

深い川はゆっくり流れる

どうも諺が好きなので、もうひとつ書いてみよう。

「小さいやかんはすぐにわきたつ」

小人物ほどすぐにカッカ怒りだす、という意味である。これと似ているが、

「浅い川はせわしなく流れ、深い川はゆっくり流れる」

というのもある。なかなかうまいたとえではないか。

テキパキとスピーディで活動的な人は、その成果が誰にとってもわかりやすい。ある種の才能や才気をもった人なのであろう。頭の回転が速く、行動力もあるので、早くに頭角を現わし、脚光を浴びる。時の人となったりもする。

ところが時間が経過すると、無惨にも失脚していることが珍しくない。才にまかせて突っ走り、なにかのひょうしに大きくつまずく。自分の才に溺《おぼ》れてしまう。いってみれば人間にちょっと深みが足りなかったのかもしれない。

これに対して、立ち居振る舞いがゆったりとしている人は、一見、ちっとも成果をあげてないように見える。しかしじつは懐《ふところ》に深い考えを秘め、着実に大きな目標に向かって進んでいる。人生も後半になるほど、その真価が見えてくる。

小さなやかんはすぐにわきたつけれど、大きなやかんはわきたつまでに時間がかかるわけだ。

こう比べてみると、誰しも小さなやかんより大きなやかん、浅い川より深い川を目指したいと思うのではなかろうか。

器を大きくするのはゆっくり力だ。自分の行動や話しぶりがせわしなくなったな、と気づいたら意識的にゆっくりとした間をとってみる。セカセカした行動にブレーキをかけ、ひとまず慎重に、さまざまなことに思いをめぐらせてみるのである。

そういえば、あらゆる礼儀作法は「ゆっくりと優雅であること」が基本。セカセカとせわしない作法はない。器を大きくするコツを先人は心得ていたのである。

第2章

いろんなゆっくり力

ゆっくり力は人生達人の技かもしれない

なにかを人より早く行うには、技術や才能が必要だろう。この世の中、「人より早く」が、その人の能力を表すことが多い。しかし、ときにはその逆もある。

たとえば「自転車遅乗り競走」。この競技、なるべくゆっくりゴールに到着したほうが勝ち、というのだからおもしろい。止まったり、バックしたら反則。わずかずつでも前に進むのがルールである。

もちろんそれには絶妙のバランスが必要となる。ゆっくり遅く進むための技術や力、いうなればゆっくり力、ブレーキ力だ。

そう、ブレーキをかけるのにはけっこうな力がいる。自転車で坂を下るときに実感することだ。人はつい、勢いにのって突き進もうとしてしまう。しかし、そこには危険が待っている。スピードの出し過ぎが危険なのは、車の運転だけではない。登山で下るときも、調子に乗り過ぎていると体力を消耗したり、膝を痛めたりする。

ブレーキ力が身につけば、その人の安定感はぐんと増す。つまりは「緩急自《かんきゆうじ》在《ざい》」の状態だ。急だけでもダメ、緩だけでもダメ。両方そろってこそ、動きを自由にコントロールできるのである。

急のほうがどちらかといえば身につきやすい。まずはそこを訓練するのが普通だろう。むしろ得がたいのは緩のほうではないかと私は思う。抑制する力、ブレーキをかける力が身につくまでには、さらに一段上の修練が必要となるのではないか。

試しに、これまで「早く、早く」を心がけてやっていたものを「遅く、遅く」と意識してやってみてはどうだろう。今までとは別の技術が身につくはずだ。

武道でも、上級者や達人ほど、控えにいる姿や試合に臨む姿が、ゆったりと悠揚迫《ゆうようせま》らぬものがある。そしていざ試合となれば、技と気迫で相手を圧倒するのである。

ゆっくり力は実力を秘めている。ゆっくり力は奥深い。これを身につけている人は人生の上級者、達人といってもいいのではないか。

二足のわらじだった父・茂吉のゆっくり力

「グズの大忙し」という言葉がある。ちょっとイジワルないい方だが、なるほどと思わせる真理でもある。

なんだかいつもアタフタと忙しげな人は、よくよく見るとグズである。その反対に、膨大な仕事量をこなしている人はちっとも大忙しには見えない。

父の茂吉は医者（精神科医）として、また文学者、歌人として生きた。二足《にそく》のわらじをはいていたのだから、ずいぶん忙しかったに違いないが、徹夜はしなかった。医者としての仕事の後には、よくのんびりと昼寝をしていた。いつあんな量の仕事をやったのだろうと思わせるところがあった。その秘訣は時間の使い方であると思う。

父は朝食が終わるとお茶を飲みながら、手紙の返事を書いていた。食卓に返信用の葉書と硯《すずり》が置かれ、そのまま机に変わる。きた手紙はあらかじめ書生《しょせい》によって封が切られており、父はそれに目を通しながら返事を書いていく。文字は大きく、内容は簡単に用件だけ。「拝啓　お約束の原稿、五日に出来上がります」という具合だ。

つねに全体を見渡し、なにを優先するかを決める。まとめてできることはまとめれば、効率よく作業ができる。これが段取りだ。そして、その仕事に向かっているときは他のことは忘れ、集中して一気に片づけてしまう。こうして短時間に仕事を片づけると、余った時間を他のことに振り分けることができる。

反対に、やるべきことをダラダラと先延ばしにしている人は、いよいよせっぱつまったときには待ったなし、段取りもなにもない。いきあたりばったりに目の前のことをやるしかないので、準備も効率も悪い。結果、同じことをやるにも時間がかかる。あわててやるからミスも多く、やり直しで二度手間、三度手間。ゆとりの時間は生まれず、つねにやるべきことに追いまくられる。

ちなみに父は、病院の運営が軌道に乗った後、夏になると箱根の強羅《ごうら》にあった山荘にこもり、そこで文学者としての仕事をする習慣が続いた。これもゆっくり力だ。

やめないで続けることもゆっくり力だ

歌人の佐佐木幸綱《ゆきつな》氏は、一日も休まず、一日最低一首以上の歌をつくったという。そこで私も父・斎藤茂吉《もきち》の歌について検証してみた。

前項でも書いたが、わが家には箱根の強羅に小さな山荘がある。父は、この山荘に昭和十年ごろからのめりこんだ。毎年、七月二十日ごろに登り、九月中旬まで滞在した。敗戦後の三年間を除く、昭和二十五年までの滞在日数を数えると六百九十日であった。

強羅で詠《よ》んだ歌は約千二百首なので、一日平均一・七首だ。

茂吉もまた一日一首以上をつくっていた計算になる。

ちょっと短歌や俳句をかじってみたけれど、すぐに飽きてしまう。こういう人は多いだろう。もちろん、それも一概に悪いとはいえない。誰にも向き、不向きはある。特に若いうちは、自分が「これだ」と思うものにめぐりあうまで、いろいろやってみるのもいいだろう。

しかし、すぐに飽きてポイ、を繰り返しているだけで一生を終わってしまうのではつまらない。千二百首を一日で詠むことはできなくても、一日一首詠むことはできるだろう。ゆっくりゆっくり、それを続けていけば、いつかは千二百首になる。

今まで何ごとも三日坊主だった人も、心配することはない。今から継続していけばよいのだ。遅過ぎることはない。六十歳から始めて九十歳まで生きれば三十年も続けられる。これはすごいことだ。ひとつのことを三十年も続けたら、少しは上達せずにはいられないだろう。たまには休んでもよい。茂吉も、短歌をつくらなかった日があったに違いない。一日十首、二十首と詠んだ日もあっただろう。やめないで続けることがゆっくり力だ。自分のペースでよい。

三日坊主だって、三日は続いているのである。インターバルをとって三回続ければ九日継続したことになる。そのうち百日坊主、一年坊主、三年坊主と記録を伸ばしていけばいいではないか。続けることがゆっくり力だ。

松下幸之助さんのゆっくり力は一病息災

一病《いちびょう》息災《そくさい》。無病《むびょう》息災の「無病」を「一病」に置き換えたこの言葉。いつも病気ばかりしているのは困るが、一度や二度の病気はいい経験になる。以後、健康を気づかうので、かえって丈夫で長生きするようになるということだ。もともと病弱ながら九十四歳の天寿を全うした松下幸之助さんのゆっくり力は、まさにこの一病息災だった。

厄年のころに病気をする人は大勢いる。ちょうど経験も知識も一番脂《あぶら》が乗り、周囲からの期待も高まる時期だから、ついがんばり過ぎてしまうのである。私もそうだった。医者として、患者さんを診察する。病院運営者としてお金のやりくりやら、人の管理やらにも忙しい。さらに、大学での授業をいくつか受け持っていた。

朝早くから夜遅くまで働きづめで、車を運転しながらサンドウィッチを頬張《ほおば》って昼食をすます毎日だった。忙しければ忙しいほど、じつは喜びがこみ上げてくる。それだけ自分の値打ちが高まったように感じて、どんどん仕事を引き受けてしまうのだ。

しかし、とうとう働き過ぎがたたって体調を崩し入院とあいなった。こうなるともう、白旗を上げるしかない。いくらがんばりたくても、もうがんばれない。静かにベッドに横になっているしかない。

幸い、ほどなく退院することができたが、ひとつ大切なことに気づかされた。「がむしゃらにがんばらなくてもいいのではないか。もう少しゆっくりがんばっていけばいいのではないか。そのほうが実りある人生を送っていける」

こう気づかされた点で、あの時期の病気はいい経験ではなかったかと思う。

病気を経験すると、人は他人に温かい気持ちで接することができるようになる。トルストイも「生まれて一度も病気にかかったことのない人を友とするな」といっている。健康自慢は、弱った人に対して思いやりに欠けるからである。

人は病気や逆境を経験したとき、ひとつ新しい力を手に入れる。それがゆっくり力だ。その力は必ずその後の人生を味わい深いものにしてくれるだろう。

徳川家康のゆっくり力から私が学ぶこと

徳川家康は、「マイペース」で成功した人のように思う。「急がない」「怒らない」で、ゆっくりと天下人《てんかびと》になっている。

戦国武将なのだから、実際には「急ぐ」「怒る」は日常茶飯だったのだろうが、信長や（明智）光秀、秀吉と比べれば、ゆったりと気の長いイメージが強い。

四人とも、それほど年齢は変わらないのに、「急ぐ人」は先に死に、「急がない人」が、最後に頂点に立ったということになる。

家康の相談役といった立場の人に、天海僧正《てんかいそうじょう》がいる。この人は、享年《きょうねん》百二歳（一説には百八歳）という、人生五十年の当時としては驚くべき長命だった。

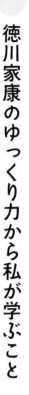

この天海が家康に「長生きのコツ」を伝授している。

いわく、「気は長く、勤めは堅《かた》く、色は薄く、食細《しょくぼそ》うして、心広かれ」である。

「気は長く」は、急がないということ。

「勤めは堅く」は、きちんと仕事をする。働き過ぎはダメだ。

「色は薄く」は、女性とはほどほどに。

「食細うして」は食べ過ぎず腹八分目のすすめだ。

「心広かれ」は怒らないということだろう。

私はこれにもうひとつ、つけ加えたい。

それは「夢をもつ」だ。

誰もが健康で長生きしたいと思うが、健康で長生きをして、何をしたいのか。目的をもつことで、寿命も延びる。

家康のように「天下取り」などという大それた夢でなくてよい。

好きなお酒をおいしく飲み続けてゆきたい。孫の結婚式を見届けたい。できればひ孫にもお目にかかりたい。一年に一度くらいは海外旅行をしたい。

具体的な夢、生きがいをもつことで、食生活に気を使い、ウォーキングや運動をするようになれば、それらの健康効果はいっそう高まっていくだろう。

せんべい布団一枚、良寛さんのゆっくり力

良寛《りょうかん》さんといえば、出世や、ぜいたくな暮らし、名誉や地位にはまったく背を向け、遊ぶように生きていきたい……と願い、実践した人だった。寺に属さず、人に説教することもなかったという。お坊さんらしくないお坊さんだ。

小さな草庵《そうあん》に住み、もっているものといえば、夜寝るときのせんべい布団ぐらいだった。

それなのに、あるとき、泥棒が家の中に忍び込んできたら狸寝入《たぬきねい》りをして、その布団をもっていかせたという。

また、こんなエピソードもある。床下から竹の子が生えてきたので、頭を押さえられるのはかわいそうだと、床板をはがしてしまった。

その生き方からは、どこか品格が伝わってくる。

その良寛さんの『戒語《かいご》』には、「良寛流・人間関係のルール」といったものが、九十条にわたって記されている。

たとえば「無用なおしゃべりをすること」「自慢話をすること」「よく知らないことを、わかっているような顔をして人に教えること」「酒に酔って理屈をいうこと」「腹をたてて理屈をいうこと」「なになにをやろうと空約束をすること」「自分がこうしたこれをしたと主張すること」などだ。

ゆっくり、ゆうゆうと生きるのはいい。

ただし人を不愉快にさせるようなこと、人を怒らせるようなこと、人を悲しませるようなことはするべからず、と自分に言い聞かせているのである。

良寛さんの一生が、村の人たちに愛されたのは、人へのこまやかな気配りを忘れなかったからである。自分への戒めを胸におさめ、その上で、遊ぶように生きる……世俗的な欲望とは無縁でいるところに品格が生まれてくるのだ。

われわれも、自分なりの「戒語」をつくって、胸におさめておいたらいい。いつの日にか品格の芽が育ってくるかもしれない。

わがままだった母・輝子の「ありがとう」

「わがままな私によくしてくれてありがとう」

箱根の山荘のゲストブックに、私と家内、弟の北杜夫と妻の四人の名前を記して、そう書いてあった。

母・輝子が残した、私たち子供夫婦への言葉である。母が他界した後に見つけたものだが、日付は、死の一年も前だった。すでに自分の死期を悟り、この「ひとこと」だけは残しておきたいという思いがあったのだろう。

母は特段にわがままな人であったかもしれない。とはいってもわがままというのは、誰にでもあるものだ。いや、わがままがなければ、人は生きていけない。

自分を大切にしたいと思う、これはある意味わがままだろう。自分らしく生きてゆきたいと思う。これも、わがままである。

出世したい、幸せになりたい、いい人と結婚したい、いい家に住みたい、もっと自分を向上させたい……こんな、わがままな思いが生きる力を育んでいる。

だからわがままであっても、いい。

ただし、忘れてはならないこと、それは「ありがとう」という言葉だ。

ときには、人に迷惑をかけることもあるだろう。自分ではわがままと思ってなくても、人の目には「なんて、わがままなんだ」と映ることもある。

しかし、感謝の気持ちを忘れなければ、人は、あんがい寛容でいてくれるものなのだ。だから、わがままをした分、「ありがとう」という言葉を、たくさん使わなければならない、といっておこう。これもゆっくり力だ。

母はわがままだったけれど、多くの人たちから愛されもした。それは「ありがとう」を言える人だったからだ。私はそう信じる。

「ありがとう」という言葉には、人の心を浄化させる作用がある。心の中にたまっていたものを流し去ってくれるのである。

私と家内のゆっくり力・小旅行

渥美《あつみ》半島の伊良湖《いらご》岬から少し行ったところに、島崎藤村《とうそん》の『椰子《やし》の実《み》』の詩《し》碑《ひ》がある。

家内と二人で、そのあたりを旅行したおりに、「せっかくだから、藤村の詩碑を見にいこう」ということになった。蒲郡《がまごおり》から船で伊良湖岬へ渡り、タクシーで詩碑まで行って、近くのホテルで昼食をとって、また船で蒲郡へ戻るという計画である。

ところが、伊良湖岬の船着場にタクシー乗り場がない。人にたずねると、「遊歩道を歩いていけばいい」という。軽い気持ちで歩きはじめたのだが、道は木々を縫って、どこまでも続いていく。私と家内の年齢では、かなりきつい。日差しは強く、汗で体じゅうがびしょ濡れになった。息もゼイゼイしてくる。

二時間半かけて、やっとのことで藤村の詩碑までたどり着き、さらに急坂を登って、昼食をとるホテルの玄関をくぐったときには、疲労困憊《こんぱい》で口もきけない状態だった。

帰りは、さすがにホテルのマイクロバスで岬の船着場まで送ってもらった。苦労して歩いた道のりが、車だとわずか十分ほど。拍子抜《ひょうしぬ》けする気持ちだった。

蒲郡のホテルで夕食のときに、家内が、「今日は苦労して歩いてよかったわね」といった。私は思わずうなずいた。

「車で十分」と「歩いて二時間半」。「車で十分」のほうが、はるかに便利である。体も楽だ。しかし「歩いて二時間半」のほうが、ずっと喜びが大きく、とても「ぜいたくな経験」であったように思えた。

どうやら「便利さ」と「ぜいたくさ」は同じものではないらしい。ものが貧しかった時代にあっては、便利になることがこの上ないぜいたくであった。しかし今や、便利さを求めない人のほうが、ぜいたくを楽しんでいるように思う。

多少不便なことに出くわしても、「いいチャンスに恵まれた」と思って、ゆっくりと歩く。そう思うほうが、気持ちもおだやかになり、たっぷり楽しめる。この二時間半は、私たち夫婦にとって忘れられない思い出となった。

ゆっくり歩けばすべてよし

ゆっくり歩く。たったこれだけの習慣で「心の財産」は蓄えられる。いつでも、どこでも、たとえば毎朝通っている自宅から駅へ向かう道のりでもいい。いつもより早く起き、時間の余裕をもって家を出、ゆっくり駅まで歩いていく。これまでは人を追い抜いてばかりいたのが、どんどん人に追い抜かれてゆく。なんという快感だろう。やってみればわかる。

それだけで景色はガラリと変わり、いつもと違う朝を感じることもできるだろう。いつもより空気がおいしく、見慣れたはずの街の風景が新鮮に見えてくる。よその家の庭先に咲く花や、街路樹の木の葉の色や、空の様子や風の肌触りから、季節が感じられる。

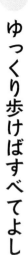

「いい朝だなあ」という「ゆとり」が心に広がってくる。ここが肝心だ。

一日の始まりをいい気持ちで迎えると、その一日を充実した気持ちで過ごせる。そして「今日は、いい日だった」と満足して眠ることができれば、翌朝もまた、気持ちよく迎えられる。始めよければ、終わりよしだ。終わりよければ、次もよし、となる。

「歩く」は運動の基本だ。医者としても強くすすめたい。

「スポーツクラブに入会はしたんですが、忙しくて、なかなか時間がなくて」という声をよく聞くが、そういう人でも「歩く」だけならできるだろう。

こんなに手軽な運動不足解消法はない。

職場でも家庭でも「お茶」「コピー」と人に命じるのではなく、自分で歩いて給湯室《きゆうとうしつ》へ行く。コピーをとりにいく。歩くことで血液を循環させ、脳に酸素を送り込むのである。肩凝り、腰痛にも効く。

「歩く」と気分転換にもなり、つかの間の、心の安らぎとなる。頭が煮つまってどうにもならないときは、近くの公園をぶらぶら歩く。すると、思わぬ名案が浮かんできたり、解決の糸口が見えてくる。ナントカなりそうだ、と光がさす。だから、私は言いたい。ゆっくり歩けばすべてよし。

石川啄木のゆっくり力

緊張感のない、のんべんだらりとした生活は、かえって健康に悪い。しかし緊張感のほうへ一方的に傾いてしまえば、気が病む。つまり病気になってしまう。

私が見るところ、「日々の緊張感」が過重になって困っている人のほうが多数のように思える。ゆえに、ここで強調したいのは「心のゆとり」のほうである。心身の健康は、適度な緊張感と心のゆとりの、いいバランスの上に成り立っていることをお忘れなく。

こころよき疲れなるかな
息もつかず
仕事をしたる後《のち》のこの疲れ

これは石川啄木の歌だが、こういう「こころよき疲れ」を一日の終わりに感じることができるようであれば、心にゆとりがある証拠といえるだろう。緊張感とゆとりのバランスがいい状態である。

「こころよくない疲れ」が残り、翌日の朝までその疲れを引きずってしまうようでは、心にゆとりがなくなっている可能性が高い。

もうひとつ、メシがうまいことも「こころよき疲れ」のバロメーターだ。

ゆふぐれし
机のまへにひとり居りて
鰻《うなぎ》を食ふは楽しかりけり

これは父・茂吉の歌だ。

父は鰻が大好物だった。一日の仕事を終えて、鰻をうまい、楽しいと思って食べることができるのは、そのときの茂吉の心に充実感とゆとりがあったからであろう。好物のものを、うまいと感じられなくなったときは、心が汲々《きゅうきゅう》としている証拠である。

さて、読者のみなさんはどうだろうか。

第3章

人生後半のゆっくり力

年をとるとゆっくり力が身につく、はウソ

若いころはせっかちだった人も、年をとるにつれて、自然にゆっくり力が身について、ゆうゆうと生きてゆけるようになる、と単純に考えるかもしれないが、それは大きな間違いである。

ほうっておけば、せっかちな人は年をとるにつれて拍車がかかり、ますますせっかちになっていくものである。

たとえばレストランで注文した品が、すぐに出てこない。五分待たされただけで、店員をつかまえて「まだなの？」というひとことが口から出る。おさえられない。そして、店員が自分の横を通るたびに催促したくなる。「ちょっと、お待ちを」などといわれて後回しにされると、むしょうに腹が立ってくる。せっかちの度合いがどんどんエスカレートするのだ。

がんこな人にも、同じことが起こる。年をとるにつれて、がんこに拍車がか

かっていき、「あんな、がんこなじいさんはいない」といわれるようになる。いじわるな人も度をこして、「あんな、いじわるばあさんは見たことない」となってくる。

人の性格は、年をとるにつれて、もともとの性格が強く出てきて、極端になっていくものなのである。加齢により血管が硬くなるように、アタマも硬直化して、思考に柔軟性がなくなるのであろう。

アタマの柔らかい若い人ならば、注文したものがすぐに出てこなくても、「コックさんたちも、おいしいものをつくろうと、がんばっているのだろうなあ。だから多少の時間がかかるのも仕方がない。待たされる時間だけ、おいしいものが食べられるんだから、いいじゃないか」

と考えることもできる。周りで食事をしている人たちを観察しながら、待つ時間を楽しむこともできる。

ゆっくり力を養うためには、アタマも、日々、柔軟体操が必要である。

「一怒一老」とはさよならしよう

「一怒一老」というが、「怒り」は老化を加速させる。ひとつ怒れば、それだけ、せっかち老人、がんこじいさん、いじわるばあさんにいたる道も早くきてしまうのだから気をつけたい。まっしぐらではなく、できれば「カタツムリの速度」で老いたいものだ。

そこでアタマの硬直化を予防する柔軟体操のひとつは、「楽しいこと」への好奇心を旺盛にしておくことである。

子供のころの明日は遠足だという前の日の「わくわくする気持ち」を、今でも覚えているだろうか。その気持ちを、年をとっても失わないことが大切である。わくわくが心を揉みほぐす。心のいい運動となって、脳の硬直化を防ぐ。

楽しそうなことは、なんでもやってやろう、見てやろう、の心意気だ。もっと「もの好き」になりなさい。

私の、わくわくするような楽しみは、旅をする楽しみ、飛行機、列車、船に乗る楽しみ、お酒をたしなむ楽しみ、むかしからの友人とほろ酔い気分で冗談をいい合って、大いに笑い合う楽しみなど、いくつもある。

「もの好き」に生きてきたおかげで、今のところ私は、せっかちとも、がんこともいじわるともいわれないですんでいる。

四十二歳のときの大病。戦争から帰ってきたとき、病院が丸焼けになっているのを見ての愕然《がくぜん》……その他にも、いろいろなことがあり、もちろん、そういう事態を深刻に受け止めはしたものの、けっして悲観的にはならなかった。

「どうにかなるだろう」のゆっくり力だ。

楽観的に、前向きに考えたのがよかったのだろう。今から思えばそれだけの余裕があったということかもしれない。

楽しみをたくさんもっていたことが、心に余裕をつくりだしてくれたのではなかったかとも思う。

「一怒一老」よさようなら、「一笑一若」こんにちは、だ。

八十歳おばあちゃんのゆっくり力

「若々しさ」は、必ずしも体の年齢だけではない。私の知る、ある八十代の女性は家族みんなに「大《おお》ママちゃん」と呼ばれている。

この一家には笑い声がたえない。

大ママちゃんは、頭は白髪で、顔のしわも多く、腰も少し曲がっている。しかし、なぜか若々しい。高校生のお孫さんの友達にも、

「おまえのおばあちゃん、なんかいいな」

といわれている。

その秘訣は、どうも笑顔と好奇心ではないかと思う。大ママちゃんは、いつ会ってもニコニコうれしそうにしている。お愛想笑《あいそわら》いではなく、心からの笑顔なのである。まだまだ人生、楽しそうなのだ。

最近のことだが、新聞を読んだりテレビを見ていると、たくさん英語が出て

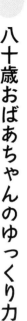

くるから、英語の辞書を買ったという。

「わからないことがあると調べているのです。この年になっても知らない言葉がたくさんありますね、おほほほ」

テレビの音楽番組を見ていて「これはステキだな」と思った曲があったので孫に聞いたところ、ＣＤをプレゼントしてくれたと、うれしそうに話す。

「デパートにいって、私のようなおばあさんがうろうろしても、どこに何があるかわからないんですよ。もう、びっくりするくらいたくさん並んでますでしょう。そうしたら孫が買ってきてくれまして、おほほほ」

新しいことに興味を失っていない。孫と、同じ音楽を楽しめる。これも若々しさの秘訣だろう。おばあちゃんのゆっくり力だ。

「この年になって、もう何も楽しいことはございません、鬼嫁《おによめ》に毎日いじめられております」というグチばかりでは、まわりも暗くなる。

しかし、こんなおばあちゃんなら笑顔を見ているだけで楽しいに違いない。

できる自分も、できない自分も、自分だ

「最近、物忘れが多くなった」

ある年齢を過ぎると誰しも感じることだろう。私も、出がけに「あれを忘れた」と気づいて取りに戻ると、「なにを取りに戻ったのか」忘れていることがよくある。

じつにいまいましい気分になる。自分にいらいらしてしまう。前はこんなはずじゃなかった……三つも四つも同時に考え、テキパキと処理できたのに。

人はつい、自分がベストのときの能力を「これが本当の自分だ」と思いがちだ。確かに優れた自分を自分と思うほうが気持ちがいい。しかしベストのときと比較して、そこまで達しない自分、劣る自分にいら立つのは気分がよくない。

それなら、ピークの時期を「本当の自分」と思うのはやめてしまおう。むかし十できたことを、今、七、六しかできなかったとしてもいいのである。

考えてもみよう。私たちは、最初はみんな赤ん坊だった。それも百年や二百年も前のことではない。極端にいってしまえば「ほんの少し前まで」なにひとつできなかった。そのときの自分も、自分である。

それが、いつの間にか一人前の人間としてあれこれできるようになった。社会生活を送れるまでになった。これも自分である。

やがて、物忘れが増えて、動きも以前よりゆっくりになってきた。これもまた自分ではないか。以前の自分と比べて、今の自分を責めるのはやめよう。

「初心忘るべからず」とはこれだな、と私はつねづね思っている。これは単に慢心をいましめるだけの言葉ではない。もっとも未熟で、なにひとつ満足にはできなかった時期を忘れないこと。その気持ちがあれば、今の自分へのいら立ちは消えていくはずである。その上で、努力を怠らない大切さを説いているものと私は理解する。

「今できる力」でナントカしようとするところに楽しみが見つかるのだ。今の自分を「本当の自分」と思えば、六と考えたことも、十と思えるのではないだろうか。

競って先を急ぐことはない。「お先にどうぞ」だ

一般的にはハンディキャップとしか思われないゆっくりもある。人ごとではない。私は昨今、膝にちょっと痛みがあり、きびきびした行動とはほど遠い状態ではある。

しかし、だからといって好きなことをやめようとは思わない。自分の体をなだめすかしながらも飛行機に乗り、客船にも乗って旅行する日々がなんとも楽しい。

なにかひとつ動作するにも、ヨイショッというのは不便だし、そんな自分がまどろっこしくもなるが、これもまた修養と思うしかない。神様が、「おまえもそろそろ、あちこちかけずりまわるのではなく、ゆっくり動いて世の中を見ろ」といっているのだろうか。

体が軽々とは動かない分、以前と比べて他人への観察力や思いやりが少しは

増してきたような気がする。なにより、同じ境遇の人が大勢いることに気づかされた。「ゆっくり仲間」とでもいおうか。

街に出るとデパートや劇場でも、ステッキをついている人をたくさん見かける。男性もいるし女性もいる。高齢者がほとんどだが若い人もいる。

私の見るかぎり、彼らはゆっくりではあるけれども、マイペースで存分に楽しんでいるように見える。

世の中は、百パーセント健常な人たちだけで成り立っているのではなく、ハンデをかかえつつも、いろいろな人の参加があって動いていることが目の前に見えてくる。

生きていく上で大切なことは、さまざまな制約があるにせよ、いつまでもはつらつとした好奇心や行動力を失わないことだと改めて思う。

やる気であり、人生を楽しむ力である。

もう競って先を急ぐことはない。「お先にどうぞ」と道を譲りながらも、私はじっくり、ゆっくり、そして存分に楽しみを味わっていこうと思っている。

「ゆっくり仲間」のみなさん、ご一緒にどうですか。ゆっくりいきましょう。

心にゆとりがあると体も元気である

『養生訓』の著者・貝原益軒《かいばらえきけん》は、健康のためには心のゆとりが何より大切だと説き、四つの楽しみをすすめている。

「自然を楽しむ」「読書を楽しむ」「人と共に楽しむ」「旅を楽しむ」だ。どれもいますぐにでもやれることばかりである。

窓から見える庭や並木道の緑にほっと心を和ませる。よその家の庭もわが庭と思ってみる。また雲を眺め、夜は月や星を見る。すなわち「自然を楽しむ」である。

「読書を楽しむ」については、こんな人がいる。ある銀行の頭取は、ポケットの中に文庫本を一冊忍ばせておき、時間があいたとき読むのを習慣にしている。

気分転換に読む本だから、ビジネス書ではない。人に見られるとちょっと恥ずかしくなるような恋愛小説とか、サミュエル・ウルマンの詩集とかである。

「人と共に楽しむ」、これは気のおけない家族やご近所とのおしゃべりだ。「ある人に聞いた話なんだけど、これがおもしろくって」「きのうもジャイアンツが負けたな、これで優勝はないな」と、他愛《たわい》のないおしゃべりが心を揉みほぐしてくれる。雑談だ。

立派な話をしようと思ってはならない。立派な話は人を緊張させ、心に負担をかける。病気の素になるかもしれない。他愛のない話が心を開放してくれる。

「旅を楽しむ」、これもいい。できることなら日数をかけて、ゆっくりと旅をしたいものだが、そんな余裕がなければふだんよりちょっと早起きして、町内をぐるっと遠回りして歩くだけでもよい。町内ぐるっとミニ旅行だ。昼は公園のベンチで日光浴をしながらコンビニのオニギリを食べる。それだけでもピクニック気分になれるかもしれない。

私ならこの四つに「趣味を楽しむ」をつけ加えておきたい。患者さんを診ているうちに、趣味のある人はうつ病になりにくいとわかった。もしなったとしても立ち直るのが早い。趣味に熱中する時間が、心に溜まったもやもやをうまい具合に取り払ってくれ、ゆとりをもたらしてくれるのである。すすめたい。

人生は「急がない」「怒らない」だ

貝原益軒は、「養生の道は気を調《ととの》ふるにあり。調ふるは気を和《やは》らげ、平《たい》らかにするなり」と『養生訓』で説いている。

この「気を和らげる」とはどういうことで、「気を平かにする」とは具体的にいうとどういうことだろうか。

私はふたつのことを心がけておくだけで、これらの「気の養生」になると考えている。それは「急がない」「怒らない」だ。

むかし私が車の運転を頼んでいた人が、「急ぐ」「怒る」にかけてはすごい人だった。「急いで！」と頼んだわけでもないのにすごいスピードでかっ飛ばすのである。

それもだんだんスピードを変えるのではなく、ギューンと速めたり、またガクーンと緩めたりを繰り返す。同乗している私はいつもひやひや、正直いって怖かった。

だいいち乗り心地がよくない。ギューンでのけぞり、ガクーンでつんのめる。おちおち眠ってもいられないし、首の調子もおかしくなる。

その足元を見ると、アクセルを踏む右足がさかんに上下運動している。イライラいら立っている人が貧乏ゆすりをしているかのようだ。

駐車場では、どちらが先に出るか出ないかで、他の車の運転手と激しい口論となることもよくあった。「お先に、どうぞ」と絶対にいえない人だった。

なぜ、そんなにイライラしているのか。急ぐ必要もないのに、なぜそんなに先を急ぐのか。とくべつ怒るようなことでもないのに、なぜ怒声を上げるのか。

益軒から「そんなことでは病気になります」と叱られてしまいそうな人だった。「気を和らげ、平かにする」とはまったく正反対である。

この運転手のような人はいまの世の中、少なからずいるようにも思う。そんなにあわてて、どこへいく。急がなくてもいずれ目的地に到着する。怒らないほうがエネルギーと時間の節約になりますよ、といいたい私だった。

人生後半を迎えるにあたっての深呼吸

中高年によく見られる「上昇停止症候群《じょうしょうていししょうこうぐん》」という心の病がある。これまでは役職も上がり、給料も上がり、右肩上がりの人生を送ってきた。しかし、いつまでも上がり続けるわけではない。いつか上昇がストップするときがやってくる。人生後半の始まりだ。

「そろそろ先が見えてきたかなあ」という時分になった頃、同僚がひょいと自分を通りこして取締役になったり、独立して成功をおさめたり。若い人が活躍し始め、自分はリストラにあったり、早期退職をすすめられたり。そんな出来事をきっかけとして、生きるのがむなしく感じるようになってくる。焦りと憤りから生きる意欲を失ってしまう。

これと似たものに「空《から》の巣《す》症候群」もある。子育てに明け暮れた家庭の主婦が五十代になって、わが子たちが独立し家から出てゆく。これから何を生きがいにすればいいのかわからなくなって、茫然自失の状態となるのだ。

心に焦りを感じたら、まずは深呼吸をしてみよう。腹式呼吸で緩やかに息をする。ゆっくり吐いて、ゆっくり吸って。これが心を落ち着け、安らかにする。

そして、仕事や子育ての他に、自分の生きがい、自分ならではの時間を作ることを考えよう。そのためには夫婦がお互いを理解し、協力し合っていくことが大切である。

今まで妻にまかせっきりだった家事を、妻と分担してみる。妻を家事から解放し、妻が自分の時間をもてるようにする。

また夫の「男の趣味」というものに理解をしめさない妻も多いが、妻の目から見てくだらないと思えるような趣味に夫が夢中になっていたとしても、あまり怒らず、受け入れてもらいたいものだ。

すなわち、夫は「仕事人間」であることをやめ、妻は「子供が生きがい」である人生をやめるのだ。妻が「空の巣症候群」になることから救える夫は、自分が「上昇停止症候群」になることからも救われる、ともいえる。

焦らなくてもよい。ゆっくりゆっくり。そのうちに別の景色が見えてくる。

私が前立腺肥大の手術で入院したときのこと

「病《やまひ》をば、憂《うれ》ひ苦しむべからず。憂ひ苦しめば、気ふさがりて、病くははる」と貝原益軒はいう。「病気であることを、あまり憂えていると気がふさがって、病状がいっそう重くなりますよ」というのだ。

もちろん、深刻な病気もたくさんある。憂えてしまうのも当然だろう。しかし、少しでも明るい気持ちでいるほうが、病状がよくなるのなら、そのほうがよいではないか。

私が前立腺肥大《ぜんりつせんひだい》で手術したときのことを話そう。手術後は数日間、ベッドの上でじっとしていなければならない。暇である。早く家に帰りたい。イライラする。しかし私は「こうなったら、この状況を楽しんでやろう」と開き直った。そこで思いついたのは、水を飲んでから、膀胱《ぼうこう》につながれた管を伝って、尿がポタポタと容器に落ちてくるまで何分かかるか記録をとってみよう、ということだ。私はせっせと水を飲み、管を見つめ、記録をとった。若い頃から記録魔、メモ魔のところがあって、こういうことが楽しいのである。好奇心があれば、病気はおもしろい研究対象になる。

このときは担当の医師に「これを機会に、お酒をやめてみませんか」ともいわれた。それを聞いたときは、とんでもないことだと思った。私は、晩酌《ばんしゃく》の一杯を楽しみに、日々がんばってきたのである。また、アルコール健康医学協会の会長をおおせつかっている私でもある。その私が、酒をやめるだなんて。

しかし、すぐに気が変わった。「それも、おもしろそうだな」という好奇心がムクムクとわき上がってきたのである。「もしも酒をやめたら、コレステロールや中性脂肪の数値が下がるかもしれない」

ものは試し、私は「人体実験」のつもりで酒を断った。そして三ケ月後の血液検査。コレステロールも中性脂肪も、ぜんぜん下がってないじゃないか！　私は心置きなくまた酒を飲むようになった。しかし三ケ月間の実験の間は、酒を我慢する苦しみよりも、結果を楽しみにワクワクする気持ちで過ごすことができたのである。

人のやることに「むだ」はない

もうずいぶん前の話だ。仙台での、ある団体の大会での講演を頼まれた。当時、まだ新幹線は開通していなかったので、私は特急ででかけた。ところが、上野駅を発車してまもなく、先行の列車が故障して、私の乗った特急列車も止まってしまったのである。

仙台での約束の時間は三時だった。ゆっくり走ったり、止まったりしながら、やっと宇都宮に着いたときには、すでに三時。便利な携帯電話など、まだない。福島のある駅に着いたとき、ちょうど上りの上野行きが発車準備をととのえていた。私は翌日、よんどころない仕事を東京にかかえていたので、その日はどうしても帰京しなければならない。上りの列車を見たとたん、ぐらついた。

今から仙台に行っても、もうとっくに散会しているだろう。列車故障のことは先方も知っているはずだから、あきらめているに違いない。それなら、わざわざ仙台に行くこともあるまい。ここで乗り換えれば、悠々と東京に戻れる。だが待てよ。大会は終わっても、私を招いてくれたスタッフの人たちが、待っているかもしれない。いや、しかし……心は大いに迷ったが、結局私は座席に座り続けた。

仙台に着いたときは七時になっていた。驚いたことに、スタッフが駅で待っていた。私はただちに会場に連れていかれ、さらに驚いた。まだ、かなりの人が私を待っていた。私は十五分間の講演をして、駅にとってかえして上野行きの最終列車に飛び乗った。

あのとき、きっと仙台の人たちも、「もしかしたら斎藤はこないかもしれない。だが、もしきてくれたときに誰もいなかったら、むだ足になるではないか」と迷いながら待っていてくれたのではないだろうか。

むだ足になるかもしれない……それでもいい。むだ待ちになるかもしれない……それでもいい。お互いのその気持ちがむだにならなかったのが、うれしい。

翌年、私は同じ大会に再びでかけ、今度はゆっくり講演をした。列車の遅れを取り戻した気分だった。あのとき福島で帰らなくて本当によかったと思った。

第4章

人と人とのゆっくり力

気が合わない人ともゆっくり力でつきあう

日々の暮らしの中でもっとも気を揉むこと、イライラさせられることはなにか。誰にとっても、おそらく「他人のこと」ではないだろうか。

他人を妬《ねた》んだり、口論したり、憎しみ合ったり、誤解し合ったり。そういうことで頭を悩ませているかぎり、良寛さんのように人生を謳歌することはできそうもない。人との「いい関係」があってこそ、「ゆうゆうと遊ぶ」生き方ができるようになる。

良寛さんにはかなうべくもないが、私なりの「戒語《かいご》」をふたつ記したい。

まず、「分け隔《へだ》てなく、誰とでも仲良く」つきあう。

気が合う、気が合わない、ということがある。これは人間であれば、どうしようもない。私も、「どうも、この人とは」と思うことがある。

しかし、気が合わない相手だからといって、毛嫌いしたり、皮肉をいったり、陰で悪口をいうのは、やはり品がないといわざるを得ない。そして結局、自分に返ってくる。お互い、不快になるだけで、なんの益もない。

気が合わない相手であっても仲良く、少なくとも礼儀を忘れず、だ。これが成熟した人づきあい、社交術といえる。大人の「ゆっくり力」といっていいだろう。

そのためには「相手のいいところを見つけて、つきあっていく」、これがふたつ目。

人とうまくやっていきたいと思うのなら、その人を好きになることだ。とはいっても、気の合わない相手であれば、イヤなところ、悪いところばかりにどうしても目がいくだろう。しかし、もっとよく見てほしい。そんな相手でも、「へえ、あの人に、あんな一面があったとは意外だったな」

というところがひとつかふたつ、あるものだ。ひとつ見つければ大発見。ふたつ見つければ今世紀最大の発見……というぐらいに気合を入れてもらいたい。

そして、どんな人であっても「いいところ」だけを見て、つきあっていく。人と人というのは、結局、それが一番いいのである。

「嫌われたくない」だけでは「好き」に進まない

「あの人を好きだ」という感情と「あの人から嫌われたくない」と思うこと。このふたつも似ているようで、同じではない。

「好きだ」という感情は、前向きで、積極的なものである。人を好きになることで、私たちは生きることが楽しくなる。自分をもっと向上させたいという気持ちが生まれ、瞳がきらきら輝きだす。

一方「嫌われたくない」という思いは、人を受け身にする。ともかく相手に「合わせる」ことばかり考えてしまう。

相手が「焼肉が好き」といえば「私も」。相手が「カラオケが好き」といえば「私も」。相手が笑えば私も笑う。相手が悔しそうな顔をすれば私も悔しそうな顔をする。

そうしておけば、なるほど、「嫌われる」ことはないのかもしれない。しかし、うわべでは仲良くできても、本当に心を許し合える仲にはなれない。

もし、あなたが「あの人」との関係を、もっと深いもの、もっと強いものにしたいのであれば、あえていうが「嫌われたっていい」と、どこかで開き直ってしまうほうがいいのではないか。ゆっくり、じっくり向き合うのである。これもゆっくり力だ。

焼肉は嫌いで、野菜が好きな自分でもいいではないか。カラオケが苦手な自分でもいいではないか。

自分がどんな人間なのかを「あの人」に知ってもらう。自分の本当の思いを「あの人」に伝えていく。そのほうが大切なことではないか。そこから、あなたの本当の魅力が相手には見えてくるはずである。

もしそれで嫌われてしまったとしても、それ以上の力で「あの人」を「好き」になろうと覚悟すればいい。そこからまた「始まる」こともある。

人との絆は「嫌われたくない」という受け身の感情では深まってはいかない。お互いの「好き」という前向きな感情があってこそのゆっくり力なのである。

人と人とは、ゆっくり時間をかけて熟成する

「私は人づきあいがへたで困る」という人がいる。

「○○さんは、人と仲良くなるのが、とてもうまいんですよ。陽気な性格で、話題が豊富で、初対面の相手にも、すぐうち解けて。それに比べると私はダメ」というわけだ。

しかし「すぐに仲良くなれる」からといって、必ずしも人づきあいが「うまい」とはいえないだろう。

そんな人は、どんな人とも円滑な関係をつくっていく能力があるのだろうが、浅いつきあいなのかもしれない。表面がつるつるに磨かれたボールが、互いに触れ合っているだけのことかもしれない。相手の中心核の部分に、自分が「食い込む」こともなければ、相手が「食い込んでくる」こともない。

それは果たして人間関係といえるほどのものなのかどうか。むしろ、人間無

関係といったほうがいいのではないか。

心が通い合う関係をつくっていくには、「長い時間」をかけて、お互いに、静かに「思いやる」ことがなくてはならない。人づきあいがへただと自覚している人は、その分、人を大切にする。だからゆっくりと関係を熟成させていく。

数は少なくても、本当に「心を許し合える友」をつくれるものだ。

人づきあいがうまそうに見える人にかぎって、真に頼りにできる友がいないと悩んでいるのではないだろうか。

どちらが、人づきあいがうまいのかへたなのか、簡単には言えないだろう。

もし、あなたに「この人とは、生涯つきあっていきたい」と思う相手がいたら、「すぐに仲良くなろう」という焦りは無用のものである。

人づきあいを「うまく」やろうと思う必要もない。あなたが暗い性格でも、話題がとぼしくても構わない。不器用に、ゆっくりつきあってゆけばよい。

気づけばいつか長いつきあいになっているものなのである。

新しい集まりに入っていくには勇気がいる

新しい集まりに入っていくのは勇気がいる。

たとえば趣味で絵手紙を習いたいと思って、絵手紙の会に申し込む。知り合いは誰もいない。そんなとき、最初に顔を出す日は緊張するだろう。

行ってみると、みんな親切にはしてくれるが、どこかよそよそしい。他の人はすでにいっしょにやっている仲間なので、親しそうだ。休憩中に、

「そうそう、このあいだのことなんですけど……」

と、あなたの知らない話をしている。

あなたは、誰と話していいのか、自分は歓迎されているのかどうか、ちょっと不安になる。ひとりだけ、みんなの中にとけこめない、疎外感。もぞもぞして居心地が悪い。転校生のような気分になる。帰りがけには、

「またきてくださいね」

と、どの顔もニコニコいってくれるのだが、家に帰ってくるとぐったりする。

「次回はどうしようかなぁ。やっぱりやめようかなぁ……」

ここでやめてしまうか、次回も「えいやっ」とでかけるか。これで人間関係の広がりに差が出てくる。

最初はなんだかとけこめず、仲間はずれのような感じがしても当たり前ではないか。向こうも初対面の人には礼儀正しく、遠慮がちにふるまうものだ。新参者のあなたに、すぐにはなじめず、とまどいながら仲間になろうとしているのだ。

焦る必要はない。少々居心地が悪くても気にせず、二回目、三回目とでかけることをすすめる。そのうちに、あなたがそこにいるのが当たり前になってくる。とけこんでくる。そして、いつかあなたも何年来の仲間になるのである。

最初からとけこむことを期待しない。ゆっくり親しくなって、ゆっくり人間関係を作っていけばいい。

なじめない人でも半年はゆっくり力でつきあう

新しいつきあいに入っていくとき、新しく出会った人になじめないときは、「なんて、イヤな人なんだ」「とうてい、親しくはできない」と思うこともあるだろう。そんなとき私は、まずは半年間、我慢することをおすすめする。

というのも、その人の中にきっと、あなたにとって大切なものがあるからだ。最初から気の合う人ばかりが大切な友人になるわけではない。最初は反発を感じた人の中にも、貴重なものが隠されていることは、往々にしてある。

人は、若いときは視野が狭い。性格も能力もかたよっている。それが年齢と経験を積むにしたがって円満になり、視野も広くなる。もちろん、そうならない人もいるが……。

では、どんなときに視野が広がるのか。異質な人との出会いであると思う。自分と全く違う考え方をもつ人、全く違う生き方をしている人。そんな人と出会って、相手の立場を想像したりするうちに、人間の幅が広がってくる。今までの自分にない物の見方、考え方ができるようになる。

似た者同士ならすぐに気が合ってなじめるだろうが、新しい発見もそう多くない。「どうも苦手だ」と思う人こそ、あなたに新しい世界を開いてくれるかもしれないのである。

そして、異質な人とも幅広くつきあえる人は心が柔軟で、いくつになっても若々しくいられるものだ。

「イヤな人だ」と思ったとき、「半年間だけ」と区切ってみよう。この苦痛が永遠に続くと思ったらイヤになるかもしれない。しかし「半年後には終わる」とわかっていれば、なんとか耐えられる。「半年だ、半年だ」と念仏のように唱えて、乗り切ってみよう。

さて、半年たっても変わらず、どうしてもつきあいたくない相手だったらどうするか。そのときはつきあいをやめるなり、思いっきり文句をいうなり、好きにすればいい。その日を楽しみに悪口を考えているうちに、不覚にも親しくなってしまうこともある。悪口をいえなくなって残念だが、それもまたいい。

ケンカしている人をみると全くあきれる

ケンカしている人をみると、全くあきれるほど、お互いに一歩も譲らない。自分は百パーセント正しく、相手はことごとく間違っているといいたいらしい。相手のちょっとしたミスまであげつらい、うっかり口をすべらしたことをいつまでも追及し、

「さっきこういったじゃないか、えっ、いったじゃないか、どうなんだ」

と困らせる。相手が反撃してくると、

「それは確かにオレもそうだったな。悪い、悪い」

などということは絶対にない。

「それはそっちがこういったからだろう？　もともとそっちが悪い」

と、あらゆる理屈を持ち出して、相手を責める。どちらが長く「ごめんなさい」のひと言をいわずにがんばれるかという、根競《こんくら》べのようである。

ひと言、「悪かった」といったらどうなのか。ちょっとだけ譲ったらどうなのか。そう思うのだが、それができないから醜い争いになる。

「自分が正しい」ことを証明しようとすると、本人の意図とは裏腹に、しばしば醜くなる。弱い犬ほどよくほえるという。何がなんでも譲らず意地をはっている人は、はたから見ると本当に子供っぽくみえる。

何がなんでも百パーセント譲らないというのは、「正しい」ことを証明できるどころか、間違っている。百パーセント間違いのない人などいないからだ。

たまには、ぐっと我慢して、相手に譲ってみたらどうなのか。そんなにケチケチしなくていい。百パーセントの正しさを目指さなくていい。なにも自分の大切な信念を曲げろというのではない。まずは一歩、譲ってみよう。どこを譲るかはご自由にどうぞ、だ。

一歩譲ったら、歩みが一歩遅れるように感じるかもしれない。けれども、遅れたっていいではないか。ゆっくりいこう。お互いに一歩譲れば、人間関係はずっとよくなる。物事も進展してゆく。その一歩をケチって、何の得があるというのだろうか。

ケンカしたときは、ゆっくり力で仲直りだ

ケンカしたときの仲直りの秘訣は、相手を「長い目で見ること」だ。人が成長するのは時間がかかる。一回くらいイヤなことがあったからといって、関係をぷつんとたってしまったら、相手の成長のきっかけを奪うことになる。しかも、自分も成長できない。

半年見守り、一年見守るうちに、相手がほんの少し変わる。自分もほんの少し変わって、ふたりの関係が変化する。きっともう一年たてば、また少し変わるだろうと予測できる。こうなってくると、長い目で見るのも、さほど苦痛ではない。

種をまいて芽が出て、少しずつ育っていく植物を毎日観察していると、花が咲くのを待つのはちっとも苦痛ではなく、むしろ楽しみになってくる。人と人との関係も、これと同じようなものだと考えれば、忍耐強くなれる。

相手だけではない。自分が変わるのも時間がかかる。焦る必要はない。時間というのはありがたいもので、人間もある年齢に達すると、昔のことが美しく感じられる。当時は、イヤでたまらなかったこと、苦労や苦痛はだいぶ薄らぎ、よかったことだけをなつかしく思い出す。

過去の出来事が「美しく」「楽しく」感じられるようになるのは、人間の特権なのかもしれない。つねに「長い目」をもって生きる人は、幸せ者だ。

しかし、ときにはあきらめなければならないときもある。ある女性は、職場の先輩のNさんの時間のルーズさに振り回されている。Nさんは、約束の時間に一時間くらい遅れるのはしょっちゅうだ。そこで彼女は、

「○○さんとの約束は二時じゃありませんでしたか？　そろそろお出かけにならないと」と、まるでNさんのタイムキーパーのようにがんばっている。そのNさんは、すでに五十代の男性である。新入社員でもなんでもない。こんなNさんのように十年一日のごとく変化のないような人なら……もう、ほうっておきなさい。長い目で見守りたいのはあくまで発展途上の人だ。成長の止まった人に「長い目」はいらない。

他人のことを思ってのゆっくり力も大切に

女性とデートするときの秘訣のひとつ、それは女性の歩調に合わせて歩くことだ。

昔々の日本男子は、女性と一緒のときもどんどん歩いて、その後を女性がついていった。男尊女卑が歩き方にまで出たというか、男のテレというか。両方だろう。

しかし今は、そんなスタイルは通用しない。自分の速度で勝手に歩いてしまう男など、「思いやりのない人」と思われるだけである。

女性とはかぎらない。自分より歩みの遅い人がいたら、その人のペースに合わせて歩くのが心くばりというものである。

ハイキングや山登りのリーダーは、そのパーティーの中の初心者や一番体力がないと思われる人の歩調を基準にペースを考慮する。

そしてたいていの場合、サブリーダーに先頭をまかせ、気のはやる人物にはブレーキをかけさせ、自分は最後尾を受け持って、全体に気を配りながら進んでゆく。

初心者の側としても、後ろから信頼できるベテランがついてきてくれるから安心して歩くことができるわけだ。

リーダーというものは、自分が速く歩けること、力があることを見せつけるのが仕事ではない。集団で行動するとき、その集団の中での弱い人に配慮をするのがリーダーの能力である。はやる気持ちがあってもゆっくり力だ。

とはいえ、これはハイキングだからだ。目的が違えばリーダーの役割も違ってくる。遅い人間、弱い人間にペースを合わせていたら、その集団そのものが生き残れなくなってしまう場合もあるだろう。

力の抜きん出た人物が先頭を走り、仲間は追いつこうと必死に走る。ときには脱落するものも出てくる。これが、われわれが知る現実かもしれない。

しかし、だからこそいっそう、人のことを思ってのゆっくり力の価値が輝く。その心を忘れないでおこう、と私は思う。

ゆっくり力人生をおくる人おくれない人

誘われると、断れない人がいる。

「さてと、仕事はここらで切り上げて、一杯いきますか」と同僚から誘われる。「来月の連休に温泉旅行にいかない？」と友人から誘われる。

心の中では「気がすすまないなあ。できるなら断りたい」と思いつつも、つい、「いいね、行きましょう」と気のいい反応をしてしまう。

こういう人は「ゆっくり力人生」を送ることはできないだろう。今日はつきあいで酒を飲む。明日はつきあいで旅行にいく。その次の日も酒を飲むとなって、体がいくつあっても足りないほどの大忙しだ。

しかも、やること、なすこと、すべて他人に「つきあって」いて、本当に「自分がやりたいこと」はいつも後回し。そのうちに「やらずじまい」になって後悔する。

「つきあいのいい人」は、たいてい陽気で、やさしく、なんの悩みも抱えていないように見えて、じつは損な人なのかもしれない。内心は、満たされないものがわだかまっていると診断するのが正しいようだ。

なんでもかんでも、他人からのお誘いはすべて断ってしまえばいいというものではないが、気がすすまないときは「申し訳ない」といえるぐらいの力はつけてほしいものだ。

それには、人から「つきあいの悪い人」といわれても、あまり恐れないことだ。一度断ると、もう誘われなくなるからとビクビクしている人もいるが、なに、一度くらい断ったからといって、二度と誘いがこないなどということにはならない。

もしも誰からも誘われなくなって、あなたが本当に飲みたいときには、こちらから誘えばいいではないか。

人につきあってばかりでは、「自分というもの」がなくなってしまう。無理をしてまで「つきあいのいい人」になることはない。断った時間で、自分の好きなことをゆっくり楽しむのもまた人生である。

自分の気持ちは笑いとともに伝える

せっかちな人は、他人がのんびりしているのにもイライラする。そんなにセカセカしていると健康によくないと思うのだが、我慢できないらしい。

その点、ゆっくり力を心得ている私の家内などたいしたものである。

私が寝坊したとしよう。家内はとっくに朝食の支度を済ませて待っているのだが、私はなかなかキッチンに現れようとはしない。

家内としては、今日は朝食を済ませたら寝室の掃除をしようという計画だが、いまだに私が寝室を占拠している。こんなとき、せっかちな人ならイライラし、

「あなたいつまで寝ているの！　何時だと思っているのよ。早く起きてください！」

と声を張り上げるのだろうが、家内は違う。

「あなた、ジャンボですよ」

ジャンボとは、ボーイング747のこと。つまり「もう七時四七分ですよ。もうすぐ八時ですよ」という意味。ヒコーキ好きの私の気を引くジョークである。これで私も、「そうか、すまん」と心地よく、ベッドから起き上がることができる。

こんなこともあった。私が夜更《よふ》かしをしていると、妻が「ワン・オー・フォーですよ」という。「ワン・オー・フォー」とは、自衛隊のF104戦闘機のこと。以前、私はその戦闘機に体験試乗させてもらったことがある。その名前にひっかけて「もう一時を過ぎていますよ」の意味だ。

どちらかが声を張り上げれば、相手の気持ちも硬化する。お互いに相手への不信感が募り、イライラムカムカの感情がわだかまっていく。

自分の気持ちは、笑いとともに、和《なご》やかに相手に伝えよう。夫婦間に、もっと笑いを！

ジョークは、夫婦関係がうまくいっているかどうかを確かめるバロメーターにもなる。あなたのジョークを、相手が素直に笑ってくれたら、ふたりの心は温かく通いあっている証し。冷たくあしらわれてしまったら、危険信号だろう。

第5章

ゆっくり力は病気を防ぐ

人生後半になったらストレスは凶器だ

みずから好き好んで、せっせせっせと余計なストレスを溜め込もうとする人がいる。

たとえば「自分がいないとこの職場はまわっていかない」と公言しているような人。「うちの部下はめんどうを見てやらないと、何もできないんですよ」という人たちだ。

そういいながら、できの悪い部下の仕事を「もういい、私がやるから、それを貸せ」と取り上げて、他人の仕事まで自分の仕事にしてしまいがちな人。

これみな、ストレスを背負い込むのが好きな人である。心臓疾患に要注意ですよ、といっておこう。人生後半にはとくに気をつけたい。

アメリカでのある調査では、心臓疾患になりにくい人に共通する性格的な特徴も判明したという。これを「生き方三か条」として頭の中に叩き込んでおいてはいかがか。

「ゆっくりとマイペースで物事を進めてゆく。スピードより質を求める。周りの人から遅れをとっても気にしない」

「リラックスすることや、心にゆとりをもつことを大切に考えている。またそういう工夫を実践している」

「『できることは精一杯やった』と満足し、いま自分の力でできること以上の負担を自分にかけることはしない」

体の病気は、その人の性格と深く関わっている。逆にいえば、性格を修正することで、病気を未然に防ぐことができる場合もある。

そのためには、まず自分の性格をよく知ることが大切だ。どういう状況でムカッときたのか、声を荒らげたのか、どういうシチュエーションで焦ったのか。ノートに書き留めておくぐらいやってもいい。

自分なりの傾向がつかめれば、性格を修正する第一歩となる。同じ状況になったときは「落ち着いて、落ち着いて。こういうときこそ慎重に、ゆっくりだ」と自分に言い聞かせる。自分を上手にコントロールできるようにするわけだ。

「窓のない高速列車」からは降りよう

アメリカではある時期から心臓疾患を起こす人が急に増えたという。そこで心臓疾患の原因調査が大々的に行われ、興味深いことがわかった。心臓疾患で倒れる人に、性格的な共通点が浮かび上がってきたのだ。

その共通点とは「怒りっぽい」「せっかちで先を急ぎたがる」「仕事の遅延や、遅刻を嫌う」「負けず嫌い」「上昇志向が強い」。

アメリカの研究者たちはこうした性格のもち主を「窓のない高速列車」と呼ぶことにした。外を眺める心の余裕などなく、ひたすら猛スピードで突っ走る人という意味だ。

社会的にはかなりやり手の人たちである。周囲から一目置かれ、地位もある。しかしそれに満足せず、さらなるステップアップのために日々まい進している。

こんな性格の人は日本にもたくさんいるだろう。かつてのモーレツ社員、いまの言葉でいうとどうなるのだろうか。とてつもなく野心が強く、出世のため、お金もうけのためにがむしゃらに働くタイプだ。

しかしこんな人が、ある日突然、心臓疾患でコロッといきやすい。

以前、日本でもゴルフ場で突然死する人が増え、社会問題化して騒がれたことがあった。そういう人たちの肩書は、会社の社長だとか青年実業家だとかいった人が多かったように記憶している。

考えてもらいたい。それでなくてもストレスが多い立場にあるのだ。それなのに、せっかちで怒りっぽく、イライラしムカムカし、みずからのストレスに拍車をかけている。

これでは、健康を脅《おびや》かされても、当然である。体のどこかで歯車のネジが一本はずれ、心身がバラバラになって壊れることになってもおかしくない。

ストレスの多い人は「ゆっくり、ゆっくり、先を急ぐな」「少々遅れてもいいではないか」を心がけるべきである。ストレスの背中に、さらなるストレスを背負い込むようなマネだけは、やめておいたほうがよい。忠告する。

私は、人生八十パーセント主義だ

オリンピックは、四年に一度。メダル候補の選手たちは、競技当日に百パーセントの実力が発揮できるようにコンディションをつくっていくのだという。

ところが、ある競技の選手がインタビューでこう答えていた。

「一年は三百六十五日、それが四年だから千四百六十日、競技当日というのは一日である。千四百六十分の一日に狙いを定めて百パーセントのコンディションをつくるなんて、針の穴に糸を通すよりもずっと難しいことだ。はっきりいって、無理だ。だから自分は八十パーセントの実力を発揮できれば、それで充分だと考えています」

これを聞いて、私は、世界レベルの選手たちの「考え方」がしっかりしているのに驚いた。しかもその選手が後に金メダルをとってしまったのだから、二度驚いた。

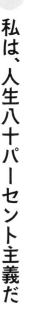

ところで読者のみなさんは、ストレスの語源を知っているだろうか。「一生懸命になって、がんばる」である。

千四百六十分の一日に狙いを定めるには、全身全霊を傾けて、血の汗を流すほどの努力をして、そうとう一生懸命にならなければ実現できないことだろう。

だが悲しいことに、一生懸命になればそれだけイライラムカムカが募り、ストレスが溜まり、思うような実力を発揮できなくなることも往々にしてある。「八十パーセントの実力を発揮できれば充分」くらいの心の余裕をもっていたほうが、かえって存分に実力を発揮できるのである。

私もまた「人生八十パーセント主義」を提唱している。ストレスを溜めないためには「一生懸命にならないこと」も肝心なのだ。

ふまじめな気持ちで生きよ、もっと怠けよ、といっているのではない。もう少し肩の力を抜いて、楽な気持ちで、焦らず生きていくほうが、一生という長い目で見ればいい結果に至るだろうということだ。

速度制限が五十キロの道ならば、四十キロのスピードで走るのがいいのだ。

鯉のようにゆうゆうと生きるべし

過労死という言葉は、いまや国際共通語になっている。過労死には、もちろん会社側の問題もあるし、その時代時代の景気や社会情勢も関係している。その責任のすべてが個人にあるわけではない。

しかし、働き過ぎて命を失ってしまうというのは、なんとも残念でならない。そうなってしまう前になんとかならなかったのか、という思いを禁じえない。

「人の身は（略）天地父母のめぐみをうけて生れ、又養はれたるわが身なれば、わが私の物にあらず。天地のみたまもの、父母の残せる身なれば、つつしんでよく養ひて、そこなひやぶらず、天年《てんねん》を長くたもつべし」と貝原益軒は『養生訓』の中でいっている。

命は決して自分だけのものではない。天地父母からの恩恵で育まれた命を大切にしなさい。断じて、会社や仕事なんぞに命をとられてはならぬ。最後の部分は私の言葉だ。

そのためには鯉を見習ってほしい。ある研究者にいわせると、鯉の寿命は二百五十三年だそうだ。これは眉唾《まゆつば》という気もしないではないが、鯉が他の魚より長生きするのは間違いない。人間並みに七、八十年生き続け、百年以上生きる長寿の鯉も珍しくない。

人間の寿命が延びている背景には、医療の発達がある。病気になっても治すことができるのだ。しかし鯉の長生きは、医療の発達のおかげではない。鯉が、それだけ「病気にならない」体をもっている証しなのだ。

なぜ鯉はそんなに長生きできるのか。その理由は、水の中を泳ぐ鯉の姿を見ればわかってくる。せこせこしていない。ゆうゆうとしてゆっくり、である。そのペースが、長生きの秘訣ではないかと思われる。

生き物は、仲間同士でケンカをすることがあるが、鯉が怒って仲間にケンカを売っている姿を見たことはないだろう。隣に仲間が泳いでいようとも平然と、素知らぬ顔だ。いかにもマイペースである。

人間も同じだ。鯉を見習って、ゆうゆうと生きるべし、だ。

食事メニューが一週間のうち三度も同じ人はボケやすい

あわただしく生きている人は、とかく食事を抜いてしまう。食事の時間ももったいないのだろう。しかしながら、ダイエットにちょうどいいなどと思ったら大間違いだ。

朝食を食べないと体の新陳代謝が悪くなって、脂肪をできるだけ体内に留《とど》まらせようという働きが強まる。わざわざ「太る体質」をつくり上げているようなものである。

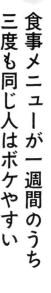

朝食を抜く空腹感は、欲求不満を生みだす。それがまた夜のドカ食いを招く。リバウンドも同じ。ダイエットで目標体重を達成したとたん「ああ、よかった」と気が緩み、溜まりに溜まっていた欲求不満が一気に爆発し、手当たりしだいに食べまくる。せっかく凹んだお腹が、またボテッと前へ突き出してくる。

ダイエットを成功させるコツは、三食しっかり摂《と》ることだ。胃の中にあるものが消化されるまで、だいたい四時間か五時間かかるとされている。一日三食はちょうどいいタイミングなのだ。胃が空になると胃液などの分泌のバランスが悪くなり、潰瘍《かいよう》の原因ともなる。そして一食一食の量は減らすこと。それに適度な運動で、体に溜まった脂肪を燃やすこと。これだけで大きな効果がある。

栄養学についても簡単に触れておこう。まず怒りっぽい人にはカルシウム不足の人が多い。カルシウム不足は、神経を興奮させ感情を荒立てるという作用を及ぼす。牛乳や大豆食品を積極的に摂ってほしい。

またせっかちで、なにかと先を急ぎたがる人は、食塩の摂り過ぎが多い。塩っ辛いものばかり好んで食べる人は要注意。ビタミン不足もイライラの原因となる。補うにはブタ肉がよい。インスタント食品ばかり食べているとビタミン類やカルシウム不足につながるので、バランスの取れた食事を心がけよう。目安は一日三十品目。緑のもの、赤いもの、白いものと、色とりどりの食材を食卓に並べるのがコツだ。

一週間のうちに三度同じメニューを摂る人はボケやすいという報告がある。ボケ防止のためにも、朝昼晩のバラエティ豊かな食事は大切なのだ。

ご飯はゆっくり食べて腹八分目だ

「怒《いかり》の後、早く食すべからず。食後、怒るべからず。憂《うれ》ひて食すべからず。食して憂ふべからず」と貝原益軒はいう。

「早食い」「怒り食い」「憂い食い」の戒《いまし》めである。

こういう食べ方は、消化に悪い。食物が栄養にならない。それどころかあとで胃が痛くなるような、体に害となる食べ方である。

さて、私が思い浮かべるのは、現代の「やけ食い」についてである。

「オレだって、一生懸命にがんばっている。それなのに、だれも努力を認めてくれない。課長なんて、オレの顔を見れば、なんだかんだと文句をいってくる」

とムカムカした気持ちを抱えながら、焼肉をほおばる。

「うちの亭主といったら、仕事が忙しいとかなんとかいって、最近ぜんぜん私のことをかまってくれない。結婚する前は、あんなにやさしい人だったのに、急に冷たくなっちゃって」と怒り心頭の様子で、おせんべいやらクッキーやら、手当たりしだいに口の中にほうり込む。

「朝から晩まで仕事、仕事で、プライベートの時間をまったくもてない。自分の好きなことをする時間がまったくつくれない」と早飯をかっこむ。

やけ食いは欲求不満からくる。思いどおりにならない、満たされない気持ち、やるせなさ、その焦りと怒りを「食べる」ことで埋め合わせようとする心理が働くのだ。

しかし、いくら食べても、むなしい気持ちは解消されない。食べている間のひととき、忘れているというだけのことだ。

だから、また食べる。またまた食べる。今日もやけ食い、明日もやけ食い。気がつけばブクブク太って、体調が狂ってしまう。

ご飯は気持ちを静かにして、急がず怒らず、ゆっくりと、よく嚙み締めながら、心して食べる。そして腹八分目でごちそうさま、だ。これで次の食事もまたうまい。

私の酒の飲み方について

早食い、やけ食いは心身によくないが、同様に「早飲み」「やけ酒」もおすすめできない。「好きだから飲む」酒と違って、「ウサを晴らすため」の酒は、アルコール依存症にもなりやすい。

貝原益軒も「怒の後、飲む酒。酔つて、怒る酒。憂ひて、飲む酒。酔つて、憂ふ酒」を戒めている。

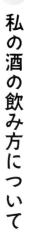

ちなみに、どのくらい飲むと、酒で体を壊す危険性が高まるのか。厚生労働省が「大量飲酒者」と規定している基準がある。それは純アルコールにして一日約六十グラム以上飲む人のこと。

目安でいうと、日本酒なら三合弱、ビールなら中ビン三本、二十五度の焼酎三百ミリリットル。これ以上を毎日飲んでいる人は「大量飲酒者」ということになる。日本人はそもそもアルコールに弱い人種であるから、それを考慮すること。

普通の日本人としては、厚生労働省によると日本酒なら一合、ビールなら中ビン一本、ウィスキーはダブルで一杯ぐらいを適正量としている。もちろん、人それぞれの適正量があるので、自分の適量を知ることが大切だ。

酒は、自分のペースで、ゆっくり飲むのが一番だ。アルコールは体内に吸収されるスピードが速い。ガブガブと早飲みをすると、一気にアルコールが吸収されていくから、体への負担が大きい。

これを避けるためには「食べながら飲む」のがよい。特にビタミンを多くふくむ食べ物を摂る。ビタミンはアルコールを分解するのに必要となる栄養素だ。ブタ肉、大豆類、のりなどである。

人に「飲め飲め」と無理強いするのは禁物である。みなそれぞれ自分の適量を自分のペースで飲むのが楽しい酒だ。週に二日の休肝日《きゅうかんび》、そして肝臓などの定期健診を忘れない。これも健康を守る上で大切なこと。

最後に、酒宴は「遅くても十二時には切り上げる」だ。宵越しの酒はダメ。

人生後半のよき眠りを得るコツをいくつか

若いときは、とかくがんばってしまうものである。悪いことではない。しかし、がんばり過ぎにブレーキをかけなければならない人生後半が誰にもやってくる。

ナポレオンは一日たった三時間しか眠らなかったというが、早死にだった。五十二歳で亡くなっている。

毒殺されたという説もあるようだが、近頃では胃潰瘍《いかいよう》か胃ガンが死因であったという説が有力になっているようだ。

私はたぶん、それはストレス性のものではなかったかと思っている。戦争と政争に明け暮れ、絶えず過重な緊張を強いられていたナポレオンは、四十代に入った頃からしばしばストレス性の精神障害の兆候《ちょうこう》を見せていたという。

そんなストレスだらけの生活で睡眠三時間では、医学的には、早死にしても当然のことだった。よき睡眠は、心と体の疲れを癒《いや》す。のみならず、長生きの秘訣だ。

そこで、よき眠りを得るための人生後半のコツをいくつか書いておく。

まず、ぬるめの湯にゆったりと入浴してリラックスする。足湯《あしゆ》でもよい。湯上がりには軽い柔軟体操で、体と心の凝りをほぐす。そしてホットミルクなど、消化がよく温かいものを飲む。適量のアルコールもよい。

これらはすべて就寝の一、二時間前にやるのがポイントだ。就寝直前に入浴すると、たとえぬるま湯であっても心身が緊張して、かえって眠れなくなる。体操、温かい飲み物、アルコールにしてもしかりだ。

ところで経験的にいえば、寝る前にしてはならないことが、ひとつある。夫婦げんか、だ。これをやらかすとイライラムカムカのために、朝まで眠れなくなる。

いや、昼間だって同じこと。友人同士での仲たがい、上司とのケンカ、通行人との口論、これらはみな寝つきを悪くする。

人とは仲良く、夫婦円満は、ぐっすり安らかな眠りを得るコツのようである。

笑うとなぜいいか

乳牛にモーツァルトを聞かせると、牛乳の出がよくなるそうだ。にわとりに聞かせると、卵の味がよくなるらしい。

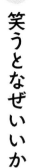

人間はどうか。リラックスし、心が開放され、脳が活性化するともいわれる。実際に、そういう目的でモーツァルトを聞く人もいる。

ところでモーツァルトを聞いていて、あの美しい旋律《せんりつ》が、なにか、人が笑っているときのように聞こえてくることはないだろうか。私には聞こえる。

モーツァルト自身、笑《わら》い上戸《じょうご》だったそうだ。朝から晩までジョークをいって、人を笑わせてばかりいた。作曲するにしても、奥さんのコンスタンツェと笑い話をしながらだったという。モーツァルトの旋律が、笑い声の音調に似ていたとしても不思議ではない。

そういうわけで、これは私の推論。もし乳牛やにわとりを笑わせることができれば、きっとモーツァルトと同じ効果が出る。牛乳の出がよくなり、卵の味がよくなるであろう。とはいっても残念ながら牛にもにわとりにも「笑う」能力はないそうである。

ただし人間は違う。笑うことのできる人間は、笑うことで、モーツァルトの音楽を聞くのと同じように、心や脳にいい効果を得られるのだ。

笑うと、人の脳の中にはベータ・エンドルフィンという物質が分泌される。これは別名、快楽物質とも呼ばれるもので、この効果で私たちの心は開放され、リラックスし、楽しい、うれしいといった感じを味わうことができる。

反対に、イライラして先を急いだり、ムカムカと腹を立てると、脳の中にノルアドレナリンという物質が分泌される。それによって、なにか心が圧迫されたような感じとなる。経験したことがあるだろう。

心の扉がすべて閉ざされて、風も入ってこなければ、日の光も差し込んでこないような感じだ。それがノルアドレナリンという物質の影響である。

困ったときこそ、笑いなさい、だ。心の雲が晴れ、心地よい風が吹いてくるだろう。

よく笑う人はボケない

「悲しみは地上の病、笑いは天の妙薬《みょうやく》」という格言がイギリスにある。

まさに、そのとおり。

こんな報告がある。数人の糖尿病患者に食後、糖尿病に関するかなり専門的な学術的な講義、一般の人が聞いてもチンプンカンプンといった内容の話を聞いてもらったあとに、血糖値を測定した。

さて翌日、やはり食後に、今度は人気の漫才師を連れてきて、彼らの漫才に大いに笑ってもらってから血糖値を測定した。

初日の血糖値に比べて、笑ってもらったあとに測定した値のほうが、驚くほど数値が改善していたという。

リウマチの患者さんについての報告もある。落語家を連れてきて患者さんの前で一席やってもらった。そのあとに血液検査をしたところ、関節の炎症が悪化する免疫活性物質が顕著に減っていた。また患者さん自身も「痛みが和らいだ」と感じた人が多かった。

ガン細胞をやっつける効力があるといわれるナチュラル・キラー細胞が、笑うことで増加した。だから笑うことはガンにも効果があるという説もある。

笑うことで脳内細胞の血流がよくなり、ボケ防止にもなる。

もちろん、笑いによる病気の治療効果についての研究はまだ不明な点も多々あるし、道半ばといったところだろう。しかし、不快感や痛みで暗くなり、イライラムカムカしているより能天気《のうてんき》に笑っているほうが病気の回復にはよいだろう。笑うゆっくり力だ。

一怒一老、一笑一若、ともいっておこう。ひとつ怒ればひとつ老い、ひとつ笑えばひとつ若返る。いつもにこやかに笑っている人は、心身ともに若々しい。

イライラムカムカ、いつも気難しい顔をしている人はどんどん老けていく。いくら若さを保つ健康食品を食べても間に合いませんよ、といいたい。それよりも笑うのがよい。こんな手軽でお金のかからない健康法はほかにはない。はいチーズ、だ。

第6章

ゆっくり力は顔に出る

「い」で置いてきたものを「り」で拾う

これまで人間が目指してきたことはなんだろう。

それは「速い」「強い」「高い」ではないだろうか。この思想がジェット機や新幹線を生み、武器を生み、天を突くような高層建築をつくりだしてきた。

私も武器はともかく、新幹線やジェット機は大好きである。「速い」「強い」「高い」という価値は充分に認めたい。しかし、そこに目を奪われるあまり、忘れがちになっていたものがある。

それは「ゆっくり」「のんびり」「ゆったり」の価値だ。「速い」「強い」「高い」の「い」が一番と重要視され、「ゆっくり」「のんびり」「ゆったり」の「り」が無視されることとなった。

もっとも、最近は、「い」の現代文明に対する反省があちこちで始まっているように思える。

たとえばファストフードに対するスローフード。また、温泉ブーム。それも山の奥や人里はなれた一軒家の温泉、源泉を求めての旅。あるいは園芸ブーム。海外でも人気となっている盆栽の流行などだ。

どれもが、現代社会の加速されたスピードに反するものばかりである。「早く、早く！」が求められるから、人はバランスをとるために「スロー」を目指しはじめたのだろうか。もちろん「い」の価値は、今後もさらに追求され、人はその達成に力を注ぐだろう。それが文明というものだ。

しかし一方、その逆の「り」の価値、効用が見直されてきたとしたら、私たちの文明はさらに一歩成熟したものとなるだろう。

「脇目もふらず」だけでは、豊かな社会とはいえない。

ちなみに私は昔の二翼《によく》の飛行機や、ゆうゆうと海原をゆく客船や、海岸線に沿って走る在来線の鈍行が大好きだ。脇目をふりほうだいの時間に心が満たされる。

「い」で置いてきてしまったものを「り」で拾うことができるのである。

人は「り」の時間にゆっくり成長する

前項の続き。「い」の価値のみに没頭してきた人は、にわかに「り」の価値に身をゆだねられないものだ。「ゆっくり」「のんびり」「ゆったり」はいいけれど、そんなにのんびりしていたら、人間、落ちこぼれてしまうのではないかと不安になってしまう。

朝からダラダラしているうちに、もう夕方。気づけば部屋の中はゴッチャゴチャ。流しにはなべや食べ残しが山積み。洗濯物はかごにいっぱい。こんなダメ人間になってしまうのではないか、と。

確かにこういう人たちがいる。「いったい、どんな家庭で育ったのだ」とあきれる。しかし話を聞いてみると、その人たちのご両親は、意外と思えるほど整理整頓好き、ということが多い。そしてどちらかというとガミガミ型、「早く、早く！」型のお母さんだ。

こんな経験はないだろうか。子供が後片づけをしている。大人の目から見たらモタモタとまどろっこしい。段取りも悪い。あるいは子供が中学生になって、自分の着る服にアイロンをかけようとする。母親からすれば「なんて不器用な」と見える。

そこで、つい口を出してしまう。未熟さをなじるいい方になる。ついには、「モーッ、ダメねえ。ほら、貸しなさい。私がやってあげるから」と、口ばかりか手まで出してしまう。子供のモタモタをゆったりと待っていられない。セカセカと自分でやってしまうのだ。

せっかく子供が新しいことを身につけようとしているのに、その子の作業ばかりか、やる気までも横取りしてしまう。これでは、すべて他人まかせ、ひとりで何もできない人間の一丁あがりとなる。「い」しか認めなかったばかりに、もっと大事なことが置いてきぼりになってしまうのである。

人の成長というのは、ゆっくりだ。長い時間をかけ、失敗を繰り返していくのが普通だ。「り」の時間がなければ「い」も得られない。高速のジェット機も新幹線も、一朝一夕にできあがったわけではないのである。

大人の習い事にもゆっくり力が肝心

未熟な子供がモタモタしているのを見ていられない。こんな人はたいてい、自分自身のモタモタも許せないものだ。

大人になってからの習い事や芸がなかなか身につかないのは、初めて習うことの「たどたどしさ」に自分が耐えられないからではないかと思う。

昔はデパートのおもちゃ売り場へ行くと、子供用の木琴や鉄琴が売られていた。そこでは必ずといっていいほど、子供がその木琴やら鉄琴をたたいていた。

もちろんお世辞にもうまいとはいえない。ゆっくりでたどたどしい。どうしようもなくたどたどしい。つっかえ、つっかえ、ノロノロと、なかなか前へ進まない。

さて、大人になって一念発起《いちねんほっき》し習い事を始めたとしよう。突然、自分がこのたどたどしい子供に戻ってしまう。会社ではいっぱしの顔をしていたおじさん

が、

「また間違えた！」

と先生に叱られる。つっかえ、つっかえやってはみるものの、なんとも幼稚である。そんな自分がイヤになって放り出してしまう。

「もっとうまくできるはずだ。もっと早くできるはずだ」

と、自分への要求が高過ぎるのである。ましてや、となりにいるおじさんが鼻唄まじりよろしくスイスイと上達していこうものなら、長年大事に育ててきたプライドが壊れる。気持ちはわかる。しかし、仕方がないではないか、初心者なのだから。多少かっこうが悪くても、時間がかかっても、人は人、自分は自分だ。自分に対してあたたかい気持ちで励ましてやりたいものである。

すべての技術はそのうち慣れるものだ。いっぺんにうまくはならなくても、いつのまにか上達する。気づけばスピードアップしているだろう。

心おきなく、安心して、たどたどしく習っていくのがいい。ゆっくりやっていければ、いくつになっても成長する楽しみが味わえるというものだ。

時間にケチな人はじつは時間を損している

待ち合わせに、毎度遅れる人がいる。遅れないまでも、息せき切ってやっと間に合った、という人だ。

こういう人はたいてい「待ち合わせの時間ぎりぎりに到着する」ことを目指している。だから、途中でなにかひとつでもアクシデントがあれば遅れることになる。

たった十分か十五分、「余裕をもって家を出る」という発想がない。先に到着して相手を待つのは「損」をしたような気分なのだろう。

私はこういう人は「時間にケチな人」だと思う。自分のためにも人のためにもゆったりとした時間を用意しない、時間を惜しむ「ケチ」な人である。

しかし考えてみると、こんな人ほど、時間を損しているのではないだろうか。

たとえば東京駅で待ち合わせをして、皆で新幹線に乗るとしよう。待ち合わせの三十分前に東京駅につけば、駅の構内のショップをのぞく楽しみがある。最近は弁当や土産物屋ばかりではなく、ワインやチーズの店もある。品ぞろえも充実している。

車中でシャンパンを開けるのもいいなあ、と考えつつワインやチーズを物色していると、二十分や三十分はすぐにたってしまう。それだけ時間を得した気分だ。

うっかり忘れ物をしても、早めに思い出せば取りに戻れる。待ち合わせ場所についてから買い求めることもできる。

そんな余裕のある待ち合わせと、時計を何度も見ながらエスカレーターをかけ上って、相手もハラハラ、自分もドキドキ……という待ち合わせと、どちらが精神衛生にいいかはいうまでもない。

こう考えてみてはどうだろうか。待ち合わせの時間に対して三十分、いや十五分でもいい。相手と自分に対してプレゼントをする。

「余裕の時間」という、目には見えないプレゼントを持っていく。

そうすればあなたはもう遅れない。もうあわてない。ゆっくり力の人となる。

うなずきのメトロノームはゆっくりと

会話というものはお互いのリズムで成り立っている。矢つぎ早に「ふんふん、うんうん、はいはい」と小刻みにうなずかれると、こちらもつられて早口になってくる。

「私の話をゆっくり聞いている暇がないのかな。後のスケジュールがつまっているのかもしれない」

という気分になってくるのである。ところが、こういう相手にかぎって、後になって、

「そちらが一方的に話すばかりで、ちゃんと説明してくれないから」

といった文句をいったりする。こう思うのは私の錯覚だろうか。

後のスケジュールがつまっていたわけではなく、単に落ち着きのない人だったのかとわかってても後の祭りである。

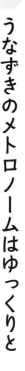

相手にじっくりと話してほしいのであれば、「うん」「なるほど」と、大きく、ゆっくりうなずいてほしい。これは、「あなたの話をちゃんと聞いていますよ」という意思表示だからだ。すると相手も落ち着いてゆっくり説明ができる。

矢つぎ早のうなずき過ぎは、「あなたの話なんか、聞いていませんよ」「適当に流してます」という、逆《さか》さまの意思表示になってしまうこともある。

リズムの悪い会話は、双方にとって、なにか落ち着かない印象が残るものである。自分が話をするときも、人の話に耳を傾けるときも、ゆっくりをあえて心がけるくらいが、ちょうどいいリズムになるようだ。

そして、このリズムをつくるのは、「うなずく人」の手腕による。話している人のほうが主導権を握っているように見えてじつは、聞いている人の、心地よい「うなずきリズム」に乗せられているのである。

うなずきのメトロノームによって、気持ちのよい会話がつくられる。

うなずき上手は、聞き上手。ゆっくり力は、人の話を上手に引き出す力ももっているのである。

「旅をするように」ゆとりある心で生きる

旅について、ある人がおもしろいことをいっていた。旅先では、不思議に「いい人になれる」というのだ。

足腰が弱って、ゆっくりとしか歩けない人が、交通量の多い道路を渡れなくて困っている。ふだんならさして気にもとめないのだが、旅先では自然に「一緒に渡りましょう」と声をかけることができる。

ふだんは人と話をするときもしかめっ面をしている自分なのに、旅先ではどういうわけか、抵抗なくほがらかな笑顔で人と接することができる。

この現象を、私なりに分析してみよう。

ひとつには、旅に出れば、ふだんよりよく歩き、運動量が増える。運動をすると、脳の中でセロトニンという脳内物質の分泌が促される。セロトニンには、気分を高揚させる効果があり、元気が出て、うきうきした気分になる。これが影響して、人にやさしくなり、また表情がほがらかになるのである。

ふたつめは、旅に出ると感動するからである。珍しいものを見たり食べたり、思いがけない人との出会いがあったり、未知の体験をしたり。感動も、また心を元気にしてくれる。日ごろのめんどうなこと、細々《こまごま》としたことから解放されるのも、いい気分転換になって、心にゆとりが生まれるのだろう。

さらにもうひとつ、生活が規則正しくなることもあげられる。寝坊、夜更かしの人であっても、旅先では朝早く起きる。日中は歩きまわって疲れているから、寝つきがよくなり、ぐっすり眠ることができる。

食事も、三度きちんととるようになる。またホテルや旅館の食事は、栄養のバランスもいい。そこで心も体も元気になって、「やさしさ」というゆとりを生むわけだ。

ふだんから、適度な運動を心がけ、たくさん感動をし、規則正しい生活を送る。「旅をするように」日々新鮮な気持ちで生きていきたいものである。

ゆっくり力は、顔に出る

二十歳の顔は、自然の贈り物。

五十歳の顔は、あなたの功績。

といったのはココ・シャネルだ。若い人の顔は、誰であっても美しく見える。それこそ若さの特権であり、そこに居るだけでみずみずしい輝きを放つ。

一方、五十歳の顔はどうか。人によってはいい顔をしているが、そう思うことができない人がいるのも事実。シャネルがいうように、その人の「功績」が顔に出るのだろう。

功績といっても、がんばって働いて、地位と名誉を得る、たくさんのお金を儲ける、などといったことばかりではない。

「いい仕事をする」ことは、もちろん人生を充実させてくれるが、同じように「いい遊びをする」ゆとりも一方で大切なのではないか。私はそう思う。

仕事をがんばるだけでは、愛嬌のない顔ができあがってしまいそうである。急ぐだけでは顔がきつくなる。これは怖い。

遊んでばかりでは、ふ抜けた、だらしのない顔になってしまうだろう。のんびりし過ぎると締まりがなくなる。これも怖い。

ゆとりがあって、しかもきりりと引き締まった顔が、ちょうどいい、バランスが取れた「いい顔」なのだと思うが、どうか。

これは、矛盾する価値のどちらも否定することなく、尊重することにもつながる。世間的な価値観を認めつつ、自分の価値観も大切にして生きていく。他人の価値観も尊重しつつ、自分の価値観を貫いていく。急がず遅れずのゆっくり力といっていいだろう。

これが本当に「力のある人」かもしれない。内に秘めた力がじわりと伝わってくるのだ。そのバランスの妙が顔にも表れる。

五十歳をこえた顔は、二十歳のころより味わいが増しているだろう。毎朝、鏡を見るのがうれしくなる、そんな人生でありたいものだ。

ゆっくり生きる、これに勝るぜいたくはない

世の中が便利になれば、その分、ゆっくり生きることもできるはずなのに、逆にますます忙しくなるのだから不思議である。人類がこれまでやってきたことは、なんのための便利さの追求だったのか。

今の世のぜいたくとは、なにも美酒美食にふけったり、高級エステサロンに通ったりすることだけではないだろう。むしろ、そういった物質的な、ある意味お金がかかるぜいたくに物足りなさ、飽き足りなさを感じる人たちが多くなってきているのではないか。

「私のぜいたくは、そうだなあ、天気のいい日曜日の午後に、仕事のことをすっかり忘れて息子とキャッチボールをすることかなあ」

「目覚まし時計を止めて、あと十分、布団の中にとどまっている。その十分が、私にとっては、一日のうちで一番ぜいたくな時間」

「趣味があることっていいですね。私の場合、たいした趣味ではないけど、趣味があることで、他の人たちよりぜいたくな生き方をしていると思えることがありますよ」

　年齢を問わずこんなことをいう人が増えてきた。

　物質的なゆとり、金銭的なゆとりではなく、「心のゆとり」がほしい。それだけ暮らしの中に「心のゆとり」がないという証しでもある。日本人はみんな、充分過ぎるほどの働きものである。よく働いて、いい家に住めるようになった。生活も便利になった。しかし同時に失ったものもある。それが「心のゆとり」だ。「忙しい」の「忙」の字は「忄《りっしんべん》」、つまり「心」に「亡」（うしなう）と書く。忙しいことは心を亡《うしな》うことなのだ。いや、心だけならまだしも、あまりの多忙は体をも亡いかねない。

　仕事に追われ、時間に追われ、約束に追われ、人に追われ……一生、「時間がない」といい続け、自分の楽しみは何もしないまま幕を閉じていいのだろうか。あなたにとって、本当のぜいたくとはなにか。今こそ、そのぜいたくを味わう、ゆとりの時間を持つときではないだろうか。そう気づいたら始めなさい。

心はコロコロいつも変化してよい

「女心と秋の空」という。「変わりやすい」ことのたとえである。これが「男心と秋の空」ではしっくりこない。

しかし、男心はそんなに盤石《ばんじゃく》で変わらないのかというと、そんなことはない。そもそも、心とは変わりやすいものなのである。

私は、講演に向かうとき憂鬱《ゆううつ》な気分になる。緊張する。先方の要求するテーマに合わないのではないかと不安になる。「引き受けなければよかった」と後悔する。

しかし、講演が終わって、その土地のうまいものを肴《さかな》に一杯という段になると、もう天にも昇る気持ちだ。

「あぁー、やっぱりこの講演を引き受けてよかった」

とつぶやく。我ながら、いい気なものだ。朝は曇り空、夜は晴天である。

この本のいろんなところで「継続」は大切、と説いてきたが、他方、心はいつも変化していてもよいのだ。朝の憂鬱な気持ちを「継続」する必要はない。「秋の空」でいい。

腹が立ったり、腹をかかえて笑ったり、悲しい気分で涙を流したり、気持ちが変わることで、人はストレスをうまく発散し、ガスぬきしている。だから心がコロコロ変わるのは、毎日の生活を続けるうえで大切な機能ともいえる。

それが証拠に、いつでもどこでもニコニコしてばかりの人はだんだん苦しくなってくる。怒りや悲しみを抑えて溜めこんでいると、うつ病になることもある。

あまりにかっちりと固いものは「ぽきん」と折れるので、少々柔らかいほうが変化に対応できて長続きする。融通《ゆうずう》がきく。

気持ちがコロコロ変わるのは、健康な証拠だ。ただし、行動に一貫性がないのは、あまりよくない。私は、講演に向かうときどんなに憂鬱な気分でも、すっぽかすことはない。それでは、人から信用されない。そのときの気分に振り回されて、約束や行動までコロコロ変えるのは、もちろんよくない。

ひとつずつ、根気よくのゆっくり力

私は船旅が大好きで、ときどきクルーズにでかける。あるとき、クイーン・エリザベス号のカリブ海クルーズに行った。日本人ツアーの船上講師を頼まれたのである。

ニューヨークから出港して、プエルト・リコやバージン・アイランドなどカリブ海の島々をめぐり、再びニューヨークに戻る。およそ一週間の船旅だった。

船内には、さまざまな娯楽が用意されている。運動もできるし、パーティーもある。そんな中、ロビーの一角に、かなり大きなジグソーパズルが置いてあった。

出港直後、ある青年がそのパズルをいじっているのをみかけたが、私はたいして気にもとめなかった。

二日目、彼はまたそのテーブルに座ってパズルをいじっていた。フランスのお城のような図柄の一部ができていた。

三日目、フランスのお城は少しずつ姿を現し、他の船客も彼に注目し始めた。四日目になると、彼の周囲には黒山の人だかりができた。もはや、誰もそのパズルに手を出すものはいない。テーブルは、完全に彼のものになっていた。

あと一日でニューヨークに帰港するという頃になると、図柄は完成一歩手前であった。帰港前に、完成した図柄が見られるだろうか。船客たちは、みなかたずをのんで彼の手元をみつめていた。

ついに彼が最後の一片をはめこみ、堂々たる城の絵が完成したとき、周りの人々はどっと歓声をあげた。口笛と拍手が鳴り、どこからともなく、「ブラボー！」「コングラチュレーション！」という言葉が飛びかい、誰かがシャンパンをとりよせて彼に贈った。

その場でお祝いの会になった。

すぐには結果が見えなくても、ひとつずつ、少しずつ、やっていけば、いつかは大きな成果が現れる。このゆっくり力があるかぎり、この青年のこれからは、きっと豊かな人生になるだろう、と私は思った。

第7章
中途半端のゆっくり力

完璧より中途半端のゆっくり力のほうがいい

物事は中途半端に終わらせてしまうのがベストである、といったら極端かもしれないが、中途半端に終わってもいいという心構えは大切である。まかり間違っても「完璧にやり上げよう」などとは考えないほうがいい。

そう私に教えてくれたのは、ある旅行作家だった。

旅というのは、旅慣れた人間であっても、帰ってきてから「ああ、ここを見物してくるのを忘れた。ああ、どうしてあそこにも立ち寄ってこなかったのだろう」と思う場所が二、三か所出てきてしまうものである。私も、そんな悔しい思いを何度もしてきた。

しかし、この作家は、悔しがる必要などないという。再度、その土地を訪れる機会に、「今度こそは、あそこに行ってやろう。ここを見物してやろう」という楽しみができたのだから……というのが、その理由だ。「次の楽しみ」をつくっておくために、あえて旅を中途半端に終わらせることもよくあるのだという。

いわれてみればそのとおりだ。旅には初めてその土地を訪れる楽しみもあれば、二度三度と通っているうちにその土地柄の奥の深さ、味わいの深さに感動することもある。

これは旅ばかりではない。働くことも生きることも、同じではないかと思う。「まあ、これぐらいでいいか」というところで、やめておく。八十パーセント、いや七十パーセントぐらいできていれば、それで充分だ。後は「次のお楽しみ」として残しておくのが最良の策である。だいいちそのほうが上品である。

百パーセント完璧にこだわって生きている人は、いつも悔しがっている。なぜなら百パーセント完璧にできることなど、ないからだ。だから、いつもいつもいら立っている。いつもいつも自分と人に腹を立てている。これでは心が疲れるだけだろう。

中途半端というと、「できなかった」というマイナスの印象が強い。しかし、次のチャンスに「足りない部分を埋めよう」と思うのであれば、前向きのプラスの印象になる。むしろ心を元気にしてくれるのである。

「がんばる」「怠ける」をまぜたくらいがいい

「ちょっと、怠けたいなあ」と思うときは、むりをしないこと、なにもしないで怠けているほうがいい。

「怠けたい」という思いをひそませながらでは、いくらがんばったところで、効率は上がらない。懸命に走ってきたつもりでも、後ろをふり返ってみれば「なんだ、まだ、これだけしか進んでいないのか」ということにもなりかねない。

「遅れを取り戻さなければ」と、またあわてて走るのだが、「怠けたい」という気持ちが背中を引っ張る。結局、疲れるだけでどんどん時間を食ってしまう。

「怠ける」と思うから、いけないのだ。

「ちょっと休むだけ」と思えばいいではないか。

プロ野球の先発ピッチャーは、すべてのバッターに全力投球するわけではないそうだ。

「このバッターには少し手を抜いてもいいが、次のバッターには注意していかないと」

と、力の出し加減に強弱をつける。

「この場面では全力でいかないと。でもここは、そうがんばらなくてもいい」

と、場面によって力の入れ方を変えていく。

すべてのバッターに対し、すべての場面で全力投球していたのでは、スタミナがもたない。途中で力尽きてしまう。

私の好きな言葉に「一張一弛《いっちょういっし》」がある。気持ちを張り詰めるときもあれば、ゆったりとした気分でいるときもある。ゆったりしていたかと思ったら、また「よし、やるぞ」と気合を入れる。人生で大切なのは、この緊張感と、ゆっくりのリズムなのだと思う。いわば上手に怠けていくほうが、効率がいいという結果になる。

もちろん、朝から晩まで四六時中ゆるみっぱなしでは物事が進まないが、緊張しっぱなし、がんばりっぱなしでいるのもまたよくない。

自分なりのスタミナ配分を考え、バランスよく人生を「完投」するのがいい。

ゆっくり目標こそ、やる気を呼び起こす

私たちは、つい背伸びしたことをいいがちだ。上から「今年度の君の、売り上げ目標は？」と聞かれて、むりだとはわかっていながらも、ついつい「はい、三億円です」と大きくいってしまう。

そのときは「ほー、志が高いじゃないか」と上からほめられたいし、「あいつ、すごいことをいうな」とまわりを見返してもやりたい気持ちが強いのだが、さあ、あとが苦しくなってくる。

今まで時速三十キロで走ってきたところを六十キロぐらいにスピードアップして、さらに日夜走り続けなければ目標達成できない。とうていそんなことはできそうもない。

「やっぱり、身の丈に合った一億円を目標にしておけばよかった」と後悔することになる。人聞きのいい、立派な目標など立ててはならないのだ。

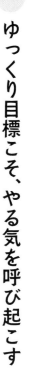

なるほど目標を立てて、やる気を喚起《かんき》するのは大切なことだ。しかし、とうてい実現できそうもない目標を掲げたところで、やる気どころか焦りが生じ、時間がたつほどふがいない自分への怒りが強くなってくる。

このぐらいならば自分の実力でなんとかなるだろう、といったところを目標にするのがいい。もし上から「もっと高い目標を立てて、がんばれ」とハッパをかけられたとしても、「いえ、私の力ではいくらがんばっても、これがせいぜいです」と、あくまで自分の目標を大切にするのである。

考えてみれば戦後の日本は、とにかく高くて見栄っ張りな目標を打ち立てて、そこへ向かって国民一丸となって突っ走ってきた。そろそろ、そういう生き方に、誰もが疲れを感じてきている時期なのだろう。

あなたの今の目標は、自分の命と健康を引き換えにしてまで、がんばるほどのことですか。命と健康を大切にしながら続けられる目標でもいいのではないですか。

人生には、他にもやるべきことがたくさんある、といっておこう。

いじわるばあさん、がんこじいさんになる人

「一所懸命」とは領主から授かった土地を、命を懸けて守ること……これが語源となって生まれたのだそうだ。そして後に「ひとつのことに脇目もふらず、真剣に取り組むこと」という意味になった。

今の世でいえば、

「趣味ですって？　楽しみですって？　そんなものありませんよ。仕事が私の趣味みたいなものですから」

と仕事ひとすじにかける、仕事人間の生き方のようにも思える。

それはそれで立派だが、これだと、どうしても毎日の生活が「行ってくる」「いま帰った」「メシ」「風呂」「寝る」の、繰り返しになりやすい。

こういう単調な生活は心の老化をはやめる。後々、自分を、せっかち老人、がんこじいさん、いじわるばあさんにしてしまう。

そこで「ゆっくり生きる」ために私は「多所懸命」をおすすめしたい。仕事ばかりでなく、いくつもの顔を持って多方面の分野でがんばれる人になるのだ。多方面の分野に顔を突っ込むといいのは、いろいろな人と知り合えることである。いくつになっても、まだ見ぬ人との出会いは楽しいものである。

自分の知らなかった意外な話が聞け、好奇心が触発され、人間の幅も広がっていく。目からウロコが落ちる。大げさにいえば「人生の喜び」をもたらしてくれる。

一日の時間割も、できるだけ「多所」にする。机に座って、ひとつの仕事に懸命になるのではなく、あっちの仕事を一時間やったら、こっちの仕事に切りかえて、午後はもうひとつ別の仕事の段取りをやって……と、ひとつのことに凝り固まらない。

私も診察日は一日中病院の中で患者さんと対峙《たいじ》することになるが、休診日には、いろんなことをやるよう心がけてきた。気分転換もできるし、原稿も書きすすむ。

せっせと「一所懸命」より「ゆっくり懸命」をすすめる。

「これがだめでもあっちがある」人は強い

「地位が人をつくる」という。たとえば部長になれば、「部長らしく振る舞わなければ」と考えるのが、普通の感覚だろう。

会社に着ていくスーツも既製品のバーゲンセールというわけにはいかない。酒を飲む場所もガード下の焼鳥屋というわけにはいかない。ましてや「みんなで割り勘」とはいかなくなるだろう。

ある地位に就いたら、その地位にふさわしい人間になろうと思うのは悪いことではない。

ただし、その地位に「こだわる」のはよろしくない。地位を失うのをおそれ、しがみつくことになる。上の顔色ばかりうかがったり、下の者を疑ったり、自分が誰かからおとしめられているのではないかと妄想を抱いたり。

精神科を訪れて「心配で心配で夜もゆっくり眠ることができない」と訴える

人には「地位のある人」が多いものだ。

そうならないためには「たくさんの顔」をもっておくのがよい。

出世して「さあ、これから」と思った矢先に、不幸にも会社が傾いてリストラされた人がいる。それをきっかけに、以前から参加していたボランティア団体から声をかけられ、介護の資格をとり、今は福祉事務所で働いている。収入は以前よりかなり減ったものの、働きがいのある仕事だそうだ。

この人は仕事とは別の顔をもっていたから「会社での地位」を失っても、自分を見失わずにすんだのである。その地位にこだわっていたら、失ったとたん、絶望的な気分になり、へなへなと壊れやすい。

普段から、「あれがだめなら、こっちがあるさ」……そんな柔軟性をもっているほうが逆境に強くなる。

資格をとっておくのもいいだろう。ボランティアをするのもよい。異業種の勉強会に参加するのもおすすめだ。選択肢を増やし、心の備えをしておくのは悪いことではない。

「ほどほど」の人に備わっている品性のよさ

人には、欲がある。私は、人のもつ欲を全面的にノーといおうとは思わない。欲は生きていく活力にもなると思うからだ。

出世したい、お金をもうけたい、幸せな家庭を築きたい、いまの生活をより向上させたい。そういう欲があってこそ、生きることに張り合いが保てることは事実だ。

ただし、欲を百パーセント満足させようと思うのは、やめておいたほうがよさそうだ。

その場合の心のありようが「品性のなさ」をただよわせるようにも感じる。

「もっと、もっと」と欲張って、がりがり亡者《もうじゃ》になってしまえば、その「もっと、もっと」というストレスによって心は疲れ、我が身を滅ぼすことにもなろう。

大切なのは「ほどほど」ということだ。「なくせ」とはいわない。この「ほど」という心情を備えている人に私は品性のよさを感じるのである。

お酒を飲むのは、いい気晴らしになる。しかしほどほどに慎むことを知らなければ、体を壊す。アルコール依存症にもなりかねない。

おいしいものを食べるのも、大きな喜びのひとつだ。しかし肥満は万病の元。ぜいたくなものをたらふく食べていたら、糖尿病や心筋梗塞、高血圧や脳卒中の心配をしなければならなくなる。

この「つつしむ」は、「知足《ちそく》」という言葉に置き換えられるものだろうと考える。足ることを知る、だ。自分にいまあるものに満足しなさい。欲張らず、高望みせず、あるがままのものを享受する幸福感を知りなさい、という意味だ。

欲の深い人の顔をよく見てほしい。みな苦虫を嚙み潰したような顔をして、イライラしているではないか。いつも、誰彼を見つけては不満をぶつけて、ムカムカ怒っているのではないだろうか。

「もっと、もっと」「早く、早く！」は、足るを知らない心だ。今日一日に満足して、この幸せを味わって、ゆっくり力でいくのがいい。

あわてるな、病気は急に治らない

病気になると、人は怒りっぽくなる。入院患者を見ていれば、よくわかる。担当の看護師をつかまえて、注射の仕方がヘタだとか、ベッドの寝心地が悪いとか怒っている人の姿をよく見かける。

どうして病気がよくならないのかと、医者に食ってかかる人もいる。担当の医者を変えてくれ、それができなかったら他の病院へ転院したい、と騒ぎだす人もいる。中には、医者に向かって殴りかかる人だっている。

セカンド・オピニオンという制度が普及して、ひとりの医者だけではなく、他の医者の意見を聞いてみたいという患者も増えた。たしかに、それはいいことだと思う。ただし、むやみに担当の医者や病院を変えたがるというのは困る。

病気がむずかしいものになればなるほど、医者と患者との信頼関係も必要になってくる。しかし信頼関係というものは、ある程度じっくりと、ゆっくりとつき合ってゆかなければ醸成しないものだ。

おそらくは病気を早く治したいと、気が急いているのだろう。その気持ちはわからないでもない。誰だって病院に入院していたくなんかない。早く自宅へ帰りたい。自由に街を歩きたい。

しかし焦りは禁物だ。軽い風邪ぐらいなら、ひと晩ぐっすり眠れば翌日の朝はケロッと治っていることもあるかもしれないが、そうは問屋がおろさないといった病気もある。ゆっくりと、根気よく治していかなければならないのだ。

気持ちを焦らせて、看護師や医者に当たり散らしても、いい結果は招かない。かえって自分の気持ちがつらくなっていく。病状だって悪化していくだろう。

貝原益軒も「何事もあまりよくせんとしていそげば、必ずあしくなる。病を治するも亦しかり」といっている。病気のときは急ぐな、憂うな、怒るな。回復を信じて、じっくりと養生するのがいいのである。

責任感が強過ぎるのは、考えものだ

責任感が強く、まじめな人はストレスをためやすい。

ただし、「責任感」といってもふたつの種類があると思う。「仕事人間」の責任感と「会社人間」の責任感だ。このふたつは似通っているようで、同じではない。

何に責任を感じているかが違う。

仕事人間は、自分の仕事そのものに責任を感じている。いい仕事をして、お客さんに喜んでもらい、世の中に貢献することに強い使命感をもっている。

他方、会社人間は「自分は課長なのだから、失敗は許されない。うまくやらなければいけない」と、会社の中での立場やメンツが、最優先の関心事になっている。早い話が、保身のための責任感といってよかろう。

仕事人間は、自分の価値観で行動するので、前向きで積極的、壁があれば自分の力でナントカしようと動きだす。その責任感は自分にかかっている。だから失敗しても人のせいにせず開き直ることができる。

しかし会社人間は、「他人から非難されないように仕事を進めよう」という守りの姿勢、いわば受け身だ。

こういう受け身の人はストレスを溜める度合いがずっと高くなる。いつも神経をピリピリさせ、人の目を気にしながら働いていかなければならないからだ。失敗しても開き直れず、つい人のせいにしたくなってしまう。

生きていく上で、一番恐れなければならないことは、「責任感」「まじめ」という社会的な美徳を大切にするあまり、それにしばられ、自分の能力を自分の手によって「殺して」しまうことだ。

会社や集団に忠実になり過ぎて、「自分のよさ」を活かせないのである。このような人は、世の中に大勢いると推察する。

開き直ってこそ、自分の本領が発揮できる。生きるのが楽しくなる。

「やせがまん」はやめてゆっくり力を大切に

「武士は食わねど高楊枝《たかようじ》」という。武士たる者、腹が減っても、ひもじい顔をしてはならぬ。貧しくても、気位だけは高くもっていなければならぬ……というのだ。

しかし、これは「立派過ぎる」ように思える。腹が減ったなら、腹が減った顔をしていればいいではないか。もしかしたら、奇特な人が現れて、おいしいものをごちそうしてくれるかもしれない。

それなのに、なぜ……と考えていくと、やはり、武士という立場、武士のメンツにこだわっている人の姿が見えてくる。

武士ばかりではない。

「そんなバナナ……だって？　上司たる者、こんなくだらない部下のダジャレで笑っていては、示しがつかない。怒った顔をしなければ」

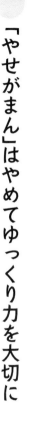

「彼と結婚したいけれど、女性のほうから男性にプロポーズするのも、どうか。それにしても、なぜ彼は、結婚しようっていってくれないの？」

笑いたければ、笑えばいい。自分からプロポーズしたいのであれば、すればいい。なぜ、それができないのか。上司という立場にこだわる、女のメンツにこだわる。だから「やせがまん」をしてしまう。それを続けていくと、いつか、

「ああ、なんだか生きていくのがむなしいなあ」

「最近、元気が出ない。すぐに疲れてしまって」

となってくるのは自然の成り行きである。

「ゆっくり生きる」とは、地位やメンツにこだわるのではなく、自分を一個人として解放してやるということだ。個性的な魅力を存分に出して生きるということでもある。つまり、本領発揮だ。

そこで、「ゆっくり力」が、地位やメンツから自分を解放する後押しとなってくれる。自分をよく見せようとあくせくするのはやめ、ゆっくりかまえたらどうだろう。

午前中はテキパキ、午後はのんびりだ

テキパキと働くには、テキパキと働くことに適した時間帯があろう。ゆっくり、のんびりするにも、それに適した時間帯がある。ゆっくり力にもメリハリが必要だ。

午前中は集中力が増すし、頭の回転もいい。だから「大切な仕事」「頭を使う仕事」「一気に仕上げなければならない仕事」は、午前中にある程度かたをつける。すると心に「ゆとり」が生まれる。

午後、とくに昼ご飯を食べてから三時ごろまでは、なんとなく頭がボーッとしてしまう時間帯である。こういうときに無理をしても、気持ちばかりが空回りして、かえって効率が悪くなる。

そこで、この時間帯には礼状を書いたり、電話をしたり。外出する用事があるなら、やはりこの時間帯にすませておく。眠くなってしまわない用事をする。

夕方には、再び集中力が増してくる。仕事が、どんどん進みだす時間帯だ。しかし、残業をしても、せいぜい六時か、七時までのことだろう。それ以降は、一日の疲れが溜まってきて、また頭がぼんやりし、効率が悪くなる。

残業でやらなければならない仕事が残ってしまったのなら、翌朝早く出社してやるほうが、仕事が捗《はかど》る。日が暮れてから寝るまでの時間帯は、寛ぐためにある。がんばるのもゆっくりするのも、体のリズムに合わせるほうがいい。

反対に、午前中にのんびりした気分でゆっくりしていると、その日一日がダラダラになりやすい。意欲がわかず、就業時間が過ぎてからどこかへ遊びにいったとしても、なんとなく楽しめない。酒もうまくない。夜も、ぐっすり眠れない。

午前中に二、三時間、きちんとがんばっておくことが、いいリズムをつくり、その日一日を快適にし、充実させる。

「始めよければ終わりよし」だ。

これが「ゆっくり力」を身につけた人の仕事の進め方である。

第8章

開き直ってゆっくり力

開き直ってこそ、自分がおもしろくなる

「開き直り」が大切なのは、人生後半だけではない。そもそも人は、開き直ってこそ前向きに進んでいけるものなのだ。

自分をよく見せたい。誰もがそう思うだろう。職場の上司の前では「仕事のできる人」でいたいし、恋人の前では「こんな、すてきな人と出会ったのは初めて」と思われたい。

これは、必ずしも悪いことではない。それが生きる力、自分を向上させていこうという気持ちにもつながる。しかし、それも度を超えると、他人の評判を気にして一喜一憂するだけになってしまう。背伸びして見栄を張ったり、知ったかぶりをしながら生きていかなければならなくなる。

それどころか、ついいってしまったウソや、ごまかし、知ったかぶりを、いつ人から見破られはしないかと、いつも戦々恐々としなければならない。

また、物事がうまくいかなければ「あの人が、ああいったから……」とくよくよし、「この人がこうしたから……」と恨みがましくなり、自分の人生を他人に責任転嫁する。いったい自分はどうしたかったのか、見失ってしまうだろう。人の思惑に左右され過ぎて、自分というものに無責任になる。

こんな人は、ぜひ「開き直って」もらいたい。「役立たず」といわれたら、知ったことじゃない、と思えばよい。「ドジなやつ」といわれたら、それがどうした！　と心でつぶやく。他人が何といおうと「自分はこうやるのだ」と堂々と貫くのだ。

開き直ってこそ、見えてくるものがある。それは、世間からよく思われるよりも、自分が心からやりたいことを見つけ出す、そして自分らしく生きていくほうがずっと人間的だということだ。

世間からいくら拍手喝采を浴びようとも、結局、自分らしく生きているという実感が得られなければ、何の意味もない。

開き直ってこそ、自分の人生に責任をもってゆっくり生きることができる。

何か決め事を毎日着々と実行する面白ゆっくり力

「一日一善《ぜん》」という。一日にひとつは、良いことをしようと心がける。毎日、そういう気持ちで生活できればすばらしい。

さらに、それを手帳にでも書きつけておいてはどうか。カレンダーでもよい。一日一善。三百六十五日で三百六十五善。一年が終わって手帳を読み返してみれば、自分のささやかな善行を振り返ることができる。

「私は悪いことばかりしていて、ちっともいいことなんてできない」という人は、「一日一悪」を手帳に書いてみてはどうか。「またやってしまった」という今日の悪行《あっこう》を書きつける。三百六十五日で三百六十五悪だから、たいしたものだ。これはこれで、自分の一年を振り返るよすがになる。

苦手科目をテーマにするのもよい。

たとえば、人に文句をいえない人。いいたいことがあるのに、腹にためてしまう人は「一日一文句」を実行する。

「今日は、無愛想なタクシーの運転手にひと言文句をいったぞ」

「ああ、今日はひとつも文句がいえなかった」

と一喜一憂するのである。

どうも人をほめるのが苦手だという人は「一日一ほめ、一おだて」だ。堅苦しい、といわれる人は「一日一ダジャレ」。人に何か頼むのがヘタな人は「一日一頼み」。感謝が足りない人は「一日一ありがとう」がいいだろう。

できない日があってもいい。一年が終わったら集計してみるのもおもしろいだろう。ただし、あまりにも成績が悪いので落ち込んだりしないこと。あくまで遊びであることを忘れずに。

何ごとも、いっぺんになんとかしようという人は、欲が深過ぎる。少しずつ、ゆっくり、やっていけばよい。今日のことだけ考えればよい。一日ひとつで充分。そのひとつが、いつか積もっていく。

悪口をいわれてもいいじゃないかのゆっくり力

他人の立場を思いやり、

「あの人にはあの人の考え方があるのだから仕方がない」

と、ものわかりのよ過ぎる人は、無気力症におちいりやすい。ある程度わがままとわかっていても自分の考えを主張する。これが心のためには一番いい。

しかし、会社では、面と向かって上司に悪口をいうわけにもいかず、取引先に無理をいわれて「ちくしょう」と思っても、口に出してはいえない。といって、自分ひとりの胸のうちにおさめておいたのでは、いつか破裂してしまう。悶々としているとうつ病に進むこともあるからなんとかしなくてはならない。

やはりこんなときは、友人、同僚と一杯やりながらしゃべって発散するのが、一番のストレス解消になる。上司の悪口をサカナに酒を飲むことほど、サラリーマンにとって気分のいいものはない。せめてものうさ晴らしだ。

そこで、私は酒のサカナにされる上司の人にひと言、アドバイスしておきたい。

「部下があなたの悪口をいっているのが耳に入っても、決して腹を立てなさんな」

あなただって、若い頃は上司への不満を口にしていたはずである。どんな部下だって、仕事をしていれば不満をもつ。そんなことにいちいち目くじらをたてる必要はないのだ。

上司としての能力は、部下からの悪口をゆっくり受けとめられるかどうかではかることもできる、と思う。

だいたい、上司の批判ひとつもできないような部下では情けない。厳しいビジネス現場では長持ちしないだろう。もし、悪口が耳に入ったら、

「けっこう、けっこう、大いにけっこう」

といってみる。そしてその内容に少しばかり耳を傾けてみてはどうだろうか。

たまにはその部下に声をかけ、一杯飲んでもいい。アルコールは心の抑制を取り去る作用がある。ゆっくりと、お互いの理解も深まるだろう。

うまくあきらめてこそ、先へ進むことができる

コピーをとって、少し写りが悪いからと、もう一度コピーをとる。今度は汚れが出て読みにくくなったというので、またやり直す。書面が斜めにずれたというので、またやり直す……同じ仕事を何度もやり直している人を見かけることがある。

本人はなかなか納得できないらしいが、どうしてもやり直さなければならないようなミスをしたわけではない。これは明らかにムダなことだ。コピー用紙のムダづかいであり、トナーのムダづかいであり、電気のムダづかいであり、時間のムダづかいである。

私も、原稿を途中で書き直したくなることがある。どうもうまくないなあ……と。だが、書き直すのは「一度まで」と決めている。時間を上手く使う私のゆっくり力だ。

たしかに書き直して、よくなることもある。しかし経験的にいえば、以前とそれほど変わりばえしない。だから、それ以上書き直してみたところで、ムダなことと割り切っているのである。

不満はある。しかし、「これが、今の私の力なのだ」とあきらめるしかない。何年後かに同じテーマに取り組めば、もっとうまく書けるかもしれない。しかし、今は、「これしかない」のである。

何度も何度もやり直す人は、自分の力量を買いかぶっているのではないだろうか。一度やり直してダメだったものを、さらにやり直して、確実にいいものにできる人は、よほど力のある人のように思える。

私は、自分にそんな力がないことはよくわかっているから、すぐにあきらめてしまう。一冊の本を書くのに、私は何度あきらめたのだろうか。私の書く本は、私の数かぎりない、あきらめの産物だったといってもいい。

逆説のようだが、非力な人間はあきらめ方がうまくならなければ、一つの仕事を成し遂げることができない。あきらめなければ、先へ進むことができない。

時間を上手に使いたい人は、あきらめ方を覚えることが肝心である。

うぬぼれている人は「迷い多き人生」になる

私のある知人は「迷わない」のだという。それは「自分なんて、たいした人間じゃない。どこにでもいる平凡な人間だ」とわかっているからだ、と。

「迷う」には、大きなエネルギーがいるものだ。どうしよう、こうしよう、あっちにしようか、こっちにしようか、と頭の隅々まで懸命に働かせなければならない。そのうちに食事も喉《のど》を通らなくなる。夜も眠れない。どっと疲れが押し寄せてくる。

自分は非力な人間だから、そんなエネルギーはない。そんな疲れのたまる生活に耐えていく精神力がない。だから迷わないのだとその人はいう。

どちらかにサッサと決めてしまう。たとえその選択が間違って、損な結果になったとしても、

「自分ははじめから、たいした人間じゃないんだから、これで充分だ。分相応《ぶんそうおう》

だ」

と考えるのだという。だから後悔することもない……と。

考えてみれば、迷うのは、結果が気にかかるからだろう。ときには自分の分相応をはるかに超えた結果まで期待をする。少しでもいい結果を導くためには、少しでも自分に有利になる選択を……と欲張るから、迷いに迷ってしまう。

自分の非力を認め、身の丈に合った生き方、身の丈に合った幸福だけを求めていけば、へたな迷いは生まれないということにもなろう。

自分をあまり過信せず、うぬぼれず、謙虚に生きていくことは「ゆっくり生きる」ことにもつながっていく。必要以上に背伸びをしようとするから、あくせくと「迷い多き」あわただしい人生になってしまうのだ。

私自身も「迷わない」ために心がけていることがひとつある。最初に「いいな」と思ったこと、おもしろそうに思えるもののほうを優先するのである。できるだけシンプルな判断基準を「決め事」にしておくことがコツである。

ある人は、「迷うのは十五分間だけ」と決めているそうだ。それも、いい。

「笑えない」のは心の運動不足かもしれない

なにかとあわただしいいまの世の中だ。「はい、次」「はい、次」……と、わんこそばのようにスケジュールが組まれ、それをこなすことが主な目的になっている人もいる。さぞ味気ない日々だろうと推察する。

そんな人が日々、心がけなければならないのは、「笑うチャンス」に恵まれたら、「大いに笑う」ことである。

心にゆとりがなくなってくると、人は笑えなくなる。能天気な冗談をいって、大きな口を開けて笑っている人を見ると、むしょうに腹立たしい。「なにがそんなにおかしいんだ。今オレは笑える気分じゃないんだ」といらいらする。

まあ、そうギスギスしなさんな。ギスギスしたからといって物事がうまく運ぶわけではない。ここはひとつ、あなたも大きな口を開けて笑ってほしい。たとえへたな冗談であっても、がんばって笑ってみよう。

それがむりなら、せめて「笑うフリ」くらいしてみてはどうか。「人のため」にではない。「あなた自身のため」に、である。

「笑い」には、気持ちをゆっくりさせる作用がある。脳の中に、ベータ・エンドルフィンという物質が分泌され、この効果で気持ちが安らぎ、リラックスもできる。人体というのは、そういうしくみになっているのだ。

朝のあいさつは、笑顔で「おはよう」というのがいい。人に声をかけるときは、笑顔で呼ぶのがいい。お礼をいうときも笑顔で「ありがとう」だ。ギスギスした心に、いくらかでも、ほんわかとした安らぎがじわりと染み込んでくれば、しめたものだろう。

「笑い」は「心の体操」である。「笑えない」のは、心の運動不足だ。毎日の適度な「笑い」、適度な「心の運動」が、いつまでも心の元気を保たせる。笑うチャンスを逃す人は、人生を損している。

笑おう、笑おう。よく笑う人ほどゆっくり力が身についてくる。

自分とゆっくりつきあう「ひとりの時間」をもとう

アルコール依存、買い物依存、賭け事の依存、占い依存などのほかにも、最近はコミュニケーション依存症とでも名づけたいようなことが目立つ。

朝起きてから夜眠るまで、食事をしているときでも、電車に乗っているときでも、学校で授業を受けているときでも、ケータイを手放せない人たちがいる。おそらく、いつも誰かと「つながって」いなければ不安なのだろう。

ある若い女性がいうには、誰からもメールが入らない日があると、「自分は仲間はずれにされているのではないか」と心配になり、気持ちが暗くなるのだという。

依存症には孤独への不安がつきまとっている。これをまぎらわすために、アルコールに頼ったり、買い物に走ったりする。ケータイを手放せないのも同じだ。

たしかに「ひとりになる」ことは、必ずしも楽しいことでも、うれしいことでもない。ある意味、苦しいことだ。自分のダメなところ、弱いところ、恥ずかしいところ、不得意とするところを直視しなければならなくなる。

しかし「ひとりになる」のを避けようとする人たちは、自分と向き合う機会が少ない。これでは人として成長することはむずかしいのではないか。

なぜ、ひとりになるのを避けるのだろうか。おそらく、自分に自信をもてないからだろう。なぜ、自信がもてないのか。おそらく、ひとりになることを避けてばかりいるからだろう。自分と向き合っていないからだ。

だから私は、あえて「ひとりの時間」をもつことをすすめたい。ゆっくりと、「自分というもの」について考える時間だ。

ひとりで外に出て、公園のベンチに座ってゆっくり食事をとるのもいいだろう。隠れ家となるような喫茶店を見つけて、思う存分物思いにふけるのもいい。

カラオケや飲み会やメールで「他人とつきあう」時間をしばしシャットアウトして、「自分とゆっくりつきあう」時間も作ってみたい。

毎日のトンネルから抜け出すゆっくり力

あなたは毎朝、どんな道順を通って駅まで歩き、どんな道順で会社に行き、どんな道順で家に帰ってくるのだろうか。ほとんどの人は、毎日毎日、決まった道順を歩いて、決まった電車のほとんど同じ車両に乗って通勤しているのではないだろうか。

このような状況を心理学では「トンネリング」と呼んでいる。心理的にトンネルを通っているのと同じで、新しい刺激がない。

本当は毎日歩いている道にも変化はあるだろうが、あまりにもおなじみになっていて、心に訴えかけるものがない。目をつぶって歩いているようなものだ。

「おっ、れんぎょうが咲いたな」「雪柳《ゆきやなぎ》が花ざかりだ」と目を向ける余裕さえない人が多いだろう。

処理しきれないほど刺激がたくさんあるのも危険だが、刺激がまったくないのも、人間にとってつらいストレスだ。適度なストレスを受けながら過ごすのがいちばん健康的である。だから、毎日のトンネルから抜け出してもらいたい。たとえば、通勤の道筋をちょっと変えてみる。いつもの道を一本変えるだけで新鮮な気分になるだろう。

時間に余裕があるときは、いつもの電車を途中下車して、そこの町を歩いてみる。通勤途中、ここで降りてみたいと思う駅があれば、そこが目的地だ。いつも通っている、よく知っている駅なのに、一度も降りたことがない。そんなところは、たくさんあるはずだ。遠くに旅行をしなくても、身近にも、未知の刺激はたくさんある。

知らない町をブラブラ歩いていると、心の中の知らない部分が刺激されるようだ。真っ暗だったトンネルの外に出ると、自分のトンネル状況に光が当たるからだろう。

なんの変わりばえもしない毎日に、新鮮な空気が流れ込んでかきまわされ、リフレッシュする。気づかなかったことに、ハッと思い当たることもあるだろう。途中下車リフレッシュ法をすすめたい。

私はときどき一人演説でストレス解消だ

精神的ストレスとは、発散しきれない感情的なかたまりが、心にわだかまっている状態である。なんでもため込むのはよくない。大きな声を出す、わあわあと泣く、大声で怒鳴る、ゲラゲラ笑う……思い切って感情を外に出してしまうのはいいことだ。

「感情的になるのはみっともない」

と、あまりクールぶっていないで、ときには感情的になることをすすめたい。じつはそれこそが、感情コントロールのコツなのだ。

我慢している人ほど、まずいときに爆発し、怒りにまかせてバカなことをやってしまう。ほどほどに感情を発散させていれば、適度にコントロールできるのである。

カラオケで大声を出して歌うと、気分がすっきり晴れる。これは多くの人がやっているストレス解消法だろう。

私は、ときどき、部屋の中でひとり、こぶしを振りあげ、胸をはり、高らかに演説をする。不愉快なことがあると、身ぶり手ぶりの入った演説をするのだ。そのときの私は、じつに気分爽快《そうかい》である。

また、精神的疲労を解消するには、スポーツがよい。

ストレスがたまって、睡眠のリズムが不規則になり、うまく眠りに入れないときは、体を動かすに限る。身体を適度に疲労させれば、気持ちがいいほどストンと眠りに落ちる。目覚めもさわやかだ。

肩こり、首筋のこりなども、ただダラダラしているより、スポーツをするほうがほぐれることがある。スポーツをしている最中は筋肉を使って緊張しているのだが、終わると筋肉がゆるむ。血のめぐりもよくなる。

心と体は互いに影響しあっている。心が緊張すれば、体もこりかたまる。体をほぐしてやると心もリラックスする。ゆっくり力がよみがえる。

無気力状態におちいったときほど、大声で歌い、笑い、体を動かそう。

「ぼんやり」の時間を少しだけはさむ

ここまで私は、ゴロゴロするより、なるべく活動的なストレス解消法をすすめてきたが、ときには「ボーッとする」「ぼんやりする」のも効果がある。

電車に乗っているとき、ボーッとして、とりとめもない空想を広げたり、あれやこれやの連想がどんどん広がっていくことはないだろうか。

歴史的な大発見やすばらしいアイデアも、考えぬいたあとの、フトぼんやりしたときに生まれるというエピソードをよく聞く。お風呂に入っているときやトイレに入ったとき、睡眠に入ろうと、ウトウトしたときなどだ。

ぼんやりしているときは、忙しく頭を働かせているときとは違う種類の意識が働くようだ。インプットしたたくさんの知識や情報が、ぼんやりしている時間に結合し、熟成して、新しいものがボコボコと浮かびあがってくるのだろう。つめ込むだけではだめで、ゆっくりと発酵する時間が大切なのだ。

自然の中でぼんやりするのもよい。青空と緑の中にいると、狭いコンクリートのビルの中での人間関係がバカバカしくなってくる。仕事の憂さだけでいっぱいになっていた頭の中に、自然の風が吹き込んできて、憂さの占めるスペースがグッと小さくなるのだろう。ポカポカと温かい太陽の光は、誰をも幸せな気分にしてくれるはずだ。

根をつめて仕事をしている途中でも、ふと気をゆるめ、窓の外をながめたり、コーヒーでも飲みながらぼんやりする時間をつくるといい。集中力は、それほど長時間は続かない。一〜二時間に一度は何も考えずにリラックスするのがいい。

夜は星空をながめる。見上げても、ビルの合間から狭い夜空が顔をのぞかせているだけ、という環境の人でも、ときどきは空を見上げたい。

ピンとはったひもは、ちょっと力がかかったら、すぐ切れてしまう。少し余裕があると、そう簡単には切れない。そのためにわざわざ「アソビ」をつくるのである。適度なアソビ、これもゆっくり力だ。

第9章

ゆっくり力を養う

身の回りの「いいもの」が心を豊かにしてくれる

物質的なぜいたくは望まない、とはいっても、ちょっとしたぜいたく品は生活に彩りを与えてくれる。

「いいもの」の見た目のよさ、手触《てざわ》りのよさ、舌触りのよさからは、ゆっくりとした時間が流れてくる。高い技術でていねいに作られたもの、そこにかけられた時間。大量生産の粗製濫造品とは違う。

いい器でご飯を食べ、いい杯で晩酌《ばんしゃく》をすれば、おいしさが何倍にもなる。いい傘をさして歩けば、雨の日でも楽しい。いい財布を持ち歩いていれば、中身はさほどでなくても、なんとなく心豊かである。「いいもの」を使うのは、あわただしい日常をゆっくりした気分で過ごすコツでもある。

「いいもの」を手にしようと思えば、多少のお金もかかる。

そうであれば、自然に大切にしようと思う。その茶碗を手のひらでくるむように持つ。杯をいつくしむように手のひらに載せる。持ち運びにも、保管にも気をくばる。そんな「ものを大切にする心」を育ててくれるのも、いいところだ。

「ものを大切にする心」を持っている人には、知らず知らずのうちに「自分を大切にする心」も生まれてくるだろう。

いけないのは、せっかく高いお金を払って買ったものを、大切にしないことだ。

「買い物依存症」という心の病がある。いくら高価なものを買っても、満足できずに買い続け、とうとう破産《はさん》してしまうまで買い物を繰り返す。

なぜ満足感が得られないのかといえば、ものを大切にする気持ちがないからである。「自分を大切にする心」が、うまく育たなかった人ともいえる。

「もの」には不思議な力がある。

大切に扱ってさえいれば、私たちに幸せをもたらしてくれる。しかし、ぞんざいに扱えば、不幸をもたらすこともある。気をつけたい。

ぬるめのお湯にゆっくり力入浴法

一時、女性たちの間で温泉ブームが起こったが、今でも温泉は、小旅行の人気ナンバーワンだ。日本には、たくさんの温泉がある。近場への一～二泊旅行で、気軽に利用したいものだ。私はどちらかというと、シャワーだけ浴びる「カラスの行水《ぎょうずい》」派で、ゆっくり湯船《ゆぶね》につかるのは苦手だが、疲れをとるにはぬるい風呂に長くつかるのはよい。精神科の療法のひとつにもなっているくらいで、ストレスの解消には大いに効果がある。

私が子供の頃、うちの病院には、寝て入る風呂があった。ぬるめの湯（三十六度ちょっと）に、首までつかって入る。これで、精神障害をもつ患者さんの興奮が鎮静できるのである。ドイツから輸入した「持続浴《じぞくよく》」という方法である。

温泉の露天風呂もお湯はぬるめだから、戸外の景色を楽しみながらゆっくりつかるとよいだろう。あがると寒いくらいのぬるめのお湯でも、長時間つかっていると、ポカポカと体の芯まで温まってくる。あがっても、しばらくはポッポッとして体が冷めない。

逆に熱いお湯に短時間入っただけでは、出るとすぐ冷めてしまう。表面はすぐ熱くなるが、芯まで温まっていないのである。

しかし、温泉に行ったからといって、欲張って熱いお湯に長く入ったり、あまり頻繁に何回も入ると、湯あたりするので注意したい。温泉は、普通のお湯よりずっと温まる。いつものつもりで入っていると、フラフラになってしまうこともある。ゆっくりつかるなら、ぬるめのお湯に入ることだ。

温泉には、よく「○○に効く」という適応症が書いてある。含まれる鉱物によって、多少、効能が違うようだ。「美人の湯」に入っても、顔のつくりが変わるわけではないが、肌がスベスベときれいになって若返るかもしれない。そんな気分も楽しみたい。

また、その土地の料理も楽しみのひとつ。毎日、今日の夕飯は何にしようかと悩んでいる主婦にとっては、上《あ》げ膳据《ぜんす》え膳の食事だけでもゆっくりできて、解放感が味わえる。温泉でゆっくり力をたっぷり味わいたい。

体にゆっくり力がつく温冷ゆっくり入浴

風呂は、垢《あか》や汚れをとるだけでなく、疲れもとってくれる。三十八度くらいのぬるめの湯で一時間くらい入ると、血行がよくなり、筋肉の凝りをほぐし、昼間はりつめた緊張をほぐしてくれる。風呂からあがって一時間もすると、自然と眠くなってくる。人間は、体温が下がると眠くなるので、風呂に入って上がった体温が下がってくると、心地よい眠気におそわれるのだ。安眠にもってこいである。

もうひとつ、ストレスによく効く風呂の入り方を紹介しよう。中国に昔からある「陰陽《いんよう》療法」。温めて冷やす、温冷浴の方法である。湯船につかって温まってから水をかぶる。熱いシャワーと冷たいシャワーを交互に体にかける。熱いお湯の入った洗面器と、冷たい水を入れた洗面器に、くるぶしくらいまでを交互にひたしてもよい。

人間の体には自律神経というものがある。たとえば、ものを食べると自然に胃が活動を始める。暑いときには自然に汗が出て、熱を外へ逃がしてくれる。もしも自律神経が正常に働かなくなったら、体温が上がりっぱなしで、汗がとまらない状態になってしまう。エンジンがオーバーヒートした状態だ。ところが最近ではオーバーヒート寸前の人がたくさんいる。なぜなら自律神経は精神状態に大きく影響を受けるからだ。毎日、ストレスにさらされ続けていると、自律神経が働き過ぎでエンストをおこすのである。

皮膚を温めたり冷やしたりするのは、この自律神経をきたえることになる。温冷浴だけでなく、日光浴や乾布《かんぷ》マサツで皮膚をきたえるのもよい。皮膚は、肉体を外界から守るオーバーコートのようなものだ。その皮膚を鍛錬することで外界のストレスから防衛する働きを強めるのである。体のゆっくり力がつく。

健康な人なら、サウナのあとで冷水浴をし、冷水のシャワーを浴びるのも、陰陽療法になる。ただし、血圧の高い人や、心臓疾患のある人は、高温のサウナは避けた方がよい。激しい温冷浴も、心臓マヒのおそれがあるので、やめたほうがよい。

樹木や草花で心のゆっくり力を育てよう

盆栽《ぼんさい》、庭木いじり、家庭菜園など、緑を育てる趣味はぜひおすすめしたい。庭がなくても、ベランダのかたすみにプランターは置けるし、室内で楽しめる鉢植えもある。料理に使うパセリやバジルなどのハーブ類、モロヘイヤなどの野菜も鉢植えで売っている。ワサビの水栽培も台所にいろどりを与える。

緑色は疲れを休め、心を落ち着かせてくれる効果がある。安らぎを与える色なのである。私の病院では、個室をグリーンルームと呼んでいる。

四季それぞれに、さまざまな花の咲く植物を楽しむのもよい。毎日、水をやりにベランダや庭に出る。水が足りているか、やり過ぎではないか。土や葉の状態を観察し、昨日より今日のほうがつぼみがふくらんでいく神秘を見るのはあきないものだ。日光浴にもなる。毎日、手をかけて育てた植物がきれいな花を咲かせると、満足感も味わえる。

安らぎの緑と、色とりどりの花で視覚を楽しませてくれるだけではない。野菜なら、自分で育てたおいしいものを食卓で食べる味覚の楽しみもある。香りのよい花なら嗅覚《きゅうかく》も楽しませてくれる。

土いじりは触覚《しょっかく》も刺激してくれる。子供の頃には砂場で遊び、海岸で砂の城を作ったりしたものだ。土や水をいじるのは、童心にかえって、気分をリフレッシュさせることにも通じる。植物を育てるのは、五感に刺激を与える効果があるのだ。

花や緑があると、どこからかチョウやてんとう虫もやってくる。そんな小さな自然のスペースがあってもいい。殺風景な部屋にほんの一輪、花をさすだけでもずいぶん違う。花瓶がなければ、ジュースの空き缶や空きビンにさしてもいい。ドイツの病院では試験管に緑を入れて壁のところどころにつるしていた。

私は「上を向いて歩こう」ならぬ「下を向いて歩く人」とあだ名をつけられている。ウの目、タカの目、地面に落ちている種を拾って歩く習慣があるかららしい。その種から実生《みしょう》で植物を育てる楽しみはえもいわれないものだ。

なぜ、私は旅をすすめるか

旅は何よりの気晴らし、ストレス解消法の王者であると断言する。ストレスの解消には、いくつかのコツがある。その条件を、旅はみごとに満たしている。最大の恩恵は、「新しい体験ができる」ことだろう。知らない土地を歩き、珍しい食べ物を食べ、美しい景観を見ることで、新鮮な自分がよみがえる。

子供の頃を思い出してほしい。見るもの、聞くもの、すべてが珍しく、新しい体験に満ちていた。毎日が新鮮な発見でいっぱいで、あきている暇がない。子供は常に学習欲求生物なのである。

それが大人になるといつのまにか、子供の頃の好奇心を失っていく。毎日毎日、同じことの繰り返しで新たなことに手を出すのもおっくうになってくる。これがいけない。

毎週、旅行にいくわけにはいかないが、ふだんの休日にも、なるべく新しいことをしたい。家でゴロゴロとテレビばかり見ているのは、私は反対である。ただし、旅番組で自分が旅人になったつもりで新しい体験をするのは、反対どころかむしろすすめたい。旅番組を見ながら「今度はあそこへ行ってみたいな」と旅行の計画を立てるのはストレスの妙薬である。

ただし、ぼんやりしているだけでは決して疲労感は解消しない。週休二日あったら、一日目はゴロゴロして体を休めても、もう一日は頭脳に新鮮な刺激を与えるべきだ。

ゆっくりするのはいいが、「休める」よりも、「リフレッシュ」を心がけよう。本を読むのもいい。映画を見るのもいい。日曜大工もいい。サイクリングや散歩でもいい。新鮮な刺激を取り入れると、脳も体も活性化してよみがえる。

月曜日、「ああ、また一週間が始まるのか」と憂鬱《ゆううつ》な気持ちをひきずったままでは、仕事の能率も上がらないし、うつ状態をひき起こしかねない。それよりも、「さあ、今日はこれに取り組むぞ！」というハツラツとした気持ちになることが大切だ。

休日が充実すると一週間にもメリハリがつく。

人はなぜか遠くに行きたい

前項の話を続ける。旅のもう一つの恩恵は、「非日常を体験できること」。人間はときには、毎日の生活とは別の次元に心を遊ばせたいと望んでいる。

たとえば、都会に住む人は、緑あふれる田舎の大自然で非日常の空間を体験する。反対に、田舎に住む人は、都会に出ることで刺激を受け、別の世界を体験できるだろう。

「どこか遠くへ行きたい」という気持ちは、誰にもある。それが「非日常の世界に行きたい」という気持ちである。外国の土地をぶらぶらしてみたいと思う人もいるだろう。外国は、非日常空間である。

東京に、忠臣蔵の四十七士の墓のある泉岳寺《せんがくじ》という寺がある。忠臣蔵に興味のある人だったら、ぜひ行ってみたいところだろう。ところが私は、しょっちゅうその前を通る機会に恵まれながら、一度も行ったことがない。「決して行くものか」と心に決めているわけではない。いつでも行けると思うから、ついつい、これまで機会をもたずにいる。

列車や飛行機や船に乗っているうちに、日常生活からだんだん切り離されていき、別の世界に入っていく。これが旅の醍醐《だいご》味《み》だろう。いつもの世界からあちらの世界への移動が味わえないと、つまらない。

しかし旅行以外でも、非日常空間は体験できる。たとえば、映画もそのひとつだ。昔は、銀幕に映る外国の美しい女優や、見たこともないアメリカの生活に憧れ、一〜二時間、夢の世界にひたったものである。最近では、映画もずいぶん日常に近いありふれたものになったが、それでもやはり、自分がおくることのない人生、ドラマティックでスリリングな二時間を楽しみに映画館の暗闇にでかけていくのは楽しい。

芝居や歌舞伎なども、すばらしい娯楽である。華やかな衣裳や舞台の大道具、小道具で劇場の外の世界とは切り離された空間がつくりあげられている。さまざまなしかけは、映画のＳＦＸの技術にも劣らない。タイムマシンで江戸時代にきたような気分だ。ときには、別次元の旅で心を遊ばせるのもいい。

ゆっくりがいい、でも小まめに動こう

ここまで、ゆっくり、ゆったりの大切さを述べてきた。早く、早く！があまりよい結果を生まないことにも触れてきた。

しかしゆっくりと、ただダラダラ怠けていることとは違う。

私は、ゆっくりでもいいが、同じように、小まめに動くほうがいいと思っている。怠けたり、めんどうくさがったりするのではなく、心も体も軽々としていたほうがいい。

気ぜわしく急ぐ必要はないが、ただ怠けているだけでは身も心もさびついて、どんどんだめになってしまうだろう。

適度なストレスやプレッシャーは人を活気づける。それによってやる気を刺激され、身も心も眠りから覚めるのだ。

人間にかぎらず、この世はそうそう楽ばかりして生きていける、ということはない。あらゆる生物は生きるために、さまざまな戦いや試練がある。それを乗り越えて生き抜いてきたからこそ今日、こうして生き残っているのだ。

もちろん、今、あなたも生き残っている。もしあなたが、いつもヌクヌクと温室で暮らしていたら、気力も体力も衰えてしまい、どうなっていたか。

考えてもみよう。われわれは、オフの日は文字どおりスイッチをＯＦＦにした状態で、疲れを癒す。週末、「よし、連休の間にこの仕事を片づけてしまおう」などと欲を出して、家に書類などを持ち帰っても、やらずじまいになることが多い。

仕事場ではさほど苦にならぬことでも、家では、とうていやる気が起きない。これは、仕事場では否応なく、ある種のプレッシャーがかけられているからだ。仕事のための適度なストレスといってもいいだろう。

すなわち、小まめに動くとは、つねに自分に適度なストレスをかけるということである。早く、早く！のプレッシャーはいらない。

ゆっくりしながら、心も体も活性化しておくことが大切だと私はいいたい。

ゆっくり力を教える、ゆっくり力道場

世の中には、いろいろなお稽古事がある。中でも私が好きなのが「あくび指《し》南《なん》」。

あくび指南？　そう、あの、眠いときに出る欠伸《あくび》だ。その指南道場がある。

ただし落語の世界での話。ご存じの人も多いと思う。

あくびの仕方をいろいろ教えるという、なんともノンキな話だ。その稽古ぶりをそばで見ていた人が、

「くだらないことをやってやがって、見ているだけでも退屈で、退屈で、あくびが出らあ。フゥーッ」

と大あくびをしたのを見て、その指南、

「あ、あちらは覚えが早い！」

とほめた、というオチだ。

こんな道場があるのなら、ゆっくり力道場も大いばりであっていい。ゆっくりすることを身につけることを目的とし、指南する。道場の壁には墨痕《ぼっこん》あざやかに「忍」ならぬ、「遅」「緩」「鈍」などという文字の額がかかっている。

そこでは呼吸法から始まって、さまざまなカリキュラムが設定されている。たとえば、人があわてる状況を設定して、あわてず騒がず、泰然自若《たいぜんじじゃく》として事を進められる訓練をする。上達するにしたがって段が上がり、最後は免許皆伝《めんきょかいでん》。

しかし、才能と人一倍の努力があって、人が三年かかるところを一年でクリアしたりすると、免状をさずかるどころか「早過ぎる！　ゆっくり力の道をはずれたオロカ者め！」といわれて、また一級から出直しだ。考えるだけだが、なかなか愉快ではないか。

冗談のような話になったが、じつは本気で「ゆっくりする習慣」のようなセミナーがあってもいいと思っている。

癒《いや》しやリラクゼーションよりも、さらに積極的な「ゆっくり力」に気持ちを向けるのは、このせわしない世の中でとても大切で有効なことだ、と思う。

本書は、新講社より刊行された『「ゆっくり力」でいい人生をおくる』を、文庫収録にあたり改題したものです。

斎藤茂太（さいとう・しげた）

精神科医。医学博士。斎藤病院名誉院長。悩める現代人を安らぎにいざなう「心の名医」として、また、日本精神科病院協会名誉会長、日本ペンクラブ名誉会長、日本旅行作家協会会長など、いくつもの顔を持ち、多方面で活躍。「人生は悠々と、急がずあせらず」をモットーに、おだやかな人柄で知られ、「モタさん」の愛称で親しまれている。歌人・斎藤茂吉の長男、作家・北杜夫の実兄。2006年逝去。

著書に『老いへの「ケジメ」』『気持ちの整理 不思議なくらい前向きになる94のヒント』（以上、三笠書房《知的生きかた文庫》）のほか、『いい言葉は、いい人生をつくる』（成美堂出版）、『グズをなおせば人生はうまくいく』（大和書房）、『「なぜか人に好かれる人」の共通点』（PHP研究所）などがある。

知的生きかた文庫

「いそがない人《ひと》」が、いい人生《じんせい》を送《おく》る

著　者　斎藤茂太《さいとうしげた》

発行者　押鐘太陽

発行所　株式会社三笠書房

〒一〇二-〇〇七二　東京都千代田区飯田橋三-三-一

電話〇三-五二二六-五七三四〈営業部〉

〇三-五二二六-五七三一〈編集部〉

https://www.mikasashobo.co.jp

印刷　誠宏印刷

製本　若林製本工場

ISBN978-4-8379-8712-3 C0130

知的生きかた文庫

老いへの「ケジメ」

斎藤茂太

仕事のこと、家族のこと、お金のこと、家のこと……。小さな「ケジメ」をつけながら、人生後半を穏やかに快活に生きるためのヒントが満載！

気持ちの整理

不思議なくらい前向きになる94のヒント

斎藤茂太

心のクヨクヨが嘘みたいにすっきり晴れ渡る、あなたにぴったりの「気分転換法」がたくさん見つかります！　人生に〝いい循環〟がめぐってくる本。

心配事の9割は起こらない

枡野俊明

余計な悩みを抱えないように、他人の価値観に振り回されないように、無駄なものをそぎ落として、限りなくシンプルに生きる——禅が教えてくれる、48のこと。

小さな悟り

枡野俊明

「雨が降ってきたから傘をさす」——それくらいシンプルに考え、行動するためのホッとする考え方、ハッとする気づき。心が晴れる99の言葉に出会えます。

気にしない練習

名取芳彦

「気にしない人」になるには、ちょっとした練習が必要。仏教的な視点から、うつうつ、イライラ、クヨクヨを〝放念する〟心のトレーニング法を紹介します。

C50421